JOSÉ M. MILLÁS

Cristianesimo e realtà

La credibilità di Cristo
nell'epoca della scienza

Si ringrazia l'Autore per l'interessamento al contributo al presente volume.

Progetto grafico di copertina: Serena Aureli

Impaginazione: Lisanti Srl - Roma

Prima ristampa

© 2013 Pontificio Istituto Biblico
Gregorian & Biblical Press
Piazza della Pilotta 35, 00187 - Roma
www.gbpress.net - books@biblicum.com

ISBN: 978-88-7839-**252**-6

INTRODUZIONE

L'origine di questo scritto sono le *Dispense* preparate per i miei studenti nella Facoltà di Teologia presso l'Università Gregoriana di Roma. L'intenzione di fare una esposizione sistematica che fosse interessante per gli ascoltatori ha guidato la mia attenzione verso la filosofia della realtà di Xavier Zubiri e l'applicazione che egli stesso fa ai temi teologici. L'insufficienza del modo classico di giustificare razionalmente l'esistenza di Dio e la fede cristiana mi ha portato verso l'intuizione sviluppata da Javier Monserrat, che fornisce una giustificazione di Dio e della fede, attuale e convincente. Il risultato è stato positivo. L'esposizione sulla base dei due autori mostrava coerenza e attualità, e gli studenti manifestavano la percezione di una novità valida. Questo mi ha incoraggiato ad ampliare le *Dispense* e trasformarle in materiale pubblicabile.

Le pagine che seguono presentano il risultato del mio studio di Zubiri e Monserrat. È stato effettuato con l'intenzione di contribuire alla giustificazione razionale della fede e a una strutturazione del pensiero cristiano che possa favorire lo sviluppo di una teologia dogmatica coerente e attuale. Una breve presentazione dei due autori può aiutare nella lettura.

Xavier Zubiri è nato a San Sebastián nel 1898. Molto presto ha mostrato una capacità intellettuale privilegiata che si è concretizzata in due modi. La famiglia ha suscitato e incoraggiato la vocazione al sacerdozio. Allo stesso tempo, si sarebbe manifestato un orientamento deciso verso la filosofia. Ha avuto maestri che hanno riconosciuto la sua vocazione intellettuale e la hanno incoraggiato, e quando ha finito la scuola si trasferì a Madrid. Lì ha frequentato i corsi di filosofia e teologia ecclesiastiche, e ha studiato filosofia all'università civile. Zubiri ha realizzato il giro completo degli studi nelle due direzioni del suo orientamento vitale. Ha conseguito la licenza in filosofia ecclesiastica a Lovanio e il dottorato in teologia a Roma. Terminati gli studi universitari, ha scritto una tesi di dottorato su E. Husserl, e ha vinto la cattedra di Storia della Filosofia presso l'Università di Madrid, nell'anno 1926.

Per comprendere Zubiri è di interesse richiamare l'attenzione riguardo a un fatto particolare: ha abbandonato il corso pubblico e ufficiale dei due orientamenti fondamentali della sua vita, per ragioni certamente molto diverse. Nel 1933 ha chiesto la riduzione allo stato laicale, con l'intenzione di chiedere posteriormente la nullità della sua ordinazione sacerdotale, adducendo una forte influenza famigliare nella decisione e il fatto di vivere una forte crisi modernista, al momento dell'ordinazione sacerdotale. Ha seguito tutti i passi legali e ha ottenuto la riduzione allo stato laicale (1934) e il permesso di sposarsi in Chiesa (1936). Questo lo ha liberato dagli obblighi del sacerdozio, che aveva vissuto come un peso insopportabile. Superata la crisi modernista, ha recuperato una sincera fede cristiana e ha vissuto una seria vocazione alla teologia, la cui eccellente conoscenza, sia della tradizione latina che della tradizione greca, ha tenuto rigorosamente aggiornata.

Durante il suo soggiorno a Roma al fine di avviare la gestione della dispensa dal celibato è scoppiata la guerra civile in Spagna. É rimasto a Roma, ma era sospetto alla polizia di Mussolini, e il 31 di agosto di 1936 ha ricevuto un ordine di espulsione e ha dovuto trasferirsi a Parigi (SS 380). Alla fine del conflitto è stato possibile il suo ritorno a Madrid.

L'abbandono della pratica sacerdotale ha influenzato un'altra grave decisione. La riduzione allo stato laicale gli imponeva la condizione di non fare il professore laico lì dove era stato conosciuto come sacerdote. Così si è trasferito all'Università di Barcellona, dove ha insegnato durante i corsi 1940-41 e 1941-42. Guidato da una ispirazione complessa, che può essere interpretata in modi diversi, è rientrato a Madrid e ha rinunciato alla sua cattedra. Il primo problema che ha dovuto affrontare è stato il fatto di non avere più uno stipendio. I suoi amici lo hanno aiutato con generosità, e ben presto, è stato organizzato un centro dove Zubiri impartiva delle conferenze e corsi aperti al pubblico, ottenendo una sufficiente autonomia economica.

I problemi ecclesiastici e accademici hanno installato Zubiri in condizioni eccezionali. Si trovò in una situazione le cui uniche esigenze erano studiare, pensare, creare e presentare i suoi pensieri liberamente. Se que-

Introduzione

ste condizioni avevano sicuramente un carattere di *solitudine*, l'attività di Zubiri ha potuto concentrarsi esclusivamente in trasformarla in una *Solitudine sonora*; questo è proprio il titolo che J. Corominas e J. A. Vicens hanno dato alla biografia del filosofo: *X. Zubiri. La soledad sonora*. Il pensiero di Zubiri ha seguito un percorso che si è concluso alla fine della sua vita, e gli autori che riconoscono l'originalità della sua filosofia, ubicano l'espressione della maturità definitiva del suo pensiero nell'opera *Intelligenza senziente*, scrita in tre volumi, pubblicati nel 1980, 1982 e 1983, poco prima della sua morte, avvenuta nel settembre del 1983. A mio giudizio, la novità filosofica di Zubiri, si trova soprattutto in *Intelligenza e realtà*, il primo volume dell'opera indicata anteriormente, e in *La realtà umana*, prima parte di *L'uomo e Dio* (*El hombre y Dios*), testo che stava preparando per la pubblicazione, e lo hanno trovato sulla scrivania del suo ufficio dopo la sua morte.

Il nostro autore ha raggiunto questo obiettivo con una particolare dedizione allo studio e alla creazione filosofica che durò tutta la vita. Lui stesso riconosceva che è stato un percorso faticoso, ma il risultato è innovativo, convincente e valido. Ha avuto le sue fasi, e Zubiri le ha spiegate nell'introduzione a *Natura. Storia. Dio* (NSD 19-21). La prima fase è stata ispirata dalla fenomenologia. Attratto dal principio di E. Husserl: "alle cose stesse", ha studiato e approfondito il suo pensiero nella tesi di dottorato intitolata *Ensayo de una Teoría Fenomenológica del Juicio*. Ben presto ha sentito il bisogno di andare oltre la fenomenologia e iniziare una nuova fase. É interessante notare che la prima fase è stata completata con un soggiorno in Germania. Ha vissuto a Friburgo (1928-1930), dove ha frequentato le ultime lezioni di Husserl e le prime del suo successore, M. Heidegger, venuto da Marburg per sostituirlo. Zubiri ha incontrato Heidegger, la cui opera *Essere e tempo* conosceva, ed si è stabilito fra loro un rapporto in cui è apparso con chiarezza l'accordo sulla convenienza di andare oltre la fenomenologia. Si è trasferito posteriormente a Berlino (1930-1931), mosso dall'interesse di seguire da vicino la creazione della *nuova fisica*, che stava emergendo in quella città. Aveva approfondito la conoscenza della matematica, fino al punto di essere in grado di seguire i corsi e seminari di Albert Einstein, Max Planck e Erwin Schrödinger, i quali ha conosciuto e trattato personalmente. Al termine del suo soggiorno a Berlino, durante una passeggiata per le strade, ha avuto una brutta esperienza, è stato aggredito da un gruppo di giovani nazisti (SS 241). Il partito nazionalsocialista era già presente nel parlamento tedesco; era un gruppo di minoranza, che posteriormente ha raggiunto la maggioranza relativa, e nel gennaio del 1933 Adolf Hitler è stato eletto Cancelliere.

Il rientro a Madrid nel 1931 significa la fine della fase "fenomenologica" e l'inizio di una nuova fase, che potrebbe essere chiamata "ontologica" e che trascorre sotto l'influenza di Heidegger. Ma Zubiri si è allontanato da lui, perché non condivideva il suo modo di capire l'*essere*. Dal 1944 in poi si estende la terza e ultima fase, "la fase rigorosamente metafisica" (NSD 20).

Durante questo periodo il nostro autore ha provato gravi difficoltà. Aveva una novità propria nella mente, e metterla per scritto, e farla conoscere gli risultava difficile. Dopo anni di lavoro ha pubblicato *Sobre la esencia* (1962). Però la novità zubiriana non era contenuta interamente in questo libro, e all'autore mancavano le forze per compiere la sua opera. Superare la difficoltà è stato possibile grazie a un altro fatto decisivo della sua vita. Il cerchio più intimo di amici e collaboratori percepiva il conflitto che il maestro viveva ed è sorta l'idea di iniziare delle sessioni di lavoro che si sono convertite nel *Seminario Xavier Zubiri* (SS 653-675). Ignacio Ellacuría ha convocato la prima sessione e ha assunto le funzioni di direzione. A partire dal gennaio del 1972, ogni venerdì si riuniva con Zubiri un gruppo di collaboratori e professionisti per presentare, discutere e criticare i temi che il filosofo proponeva. Le sessioni del Seminario si sono svolte regolarmente fino alla sua morte. La collaborazione, l'amicizia e il sostegno umano dei partecipanti al Seminario sono stati un decisivo aiuto nel compito di scrivere i tre volumi di *Intelligenza Senziente*.

Javier Monserrat, gesuita e professore presso l'Università Autonoma di Madrid, era un membro del *Seminario Xavier Zubiri* dal 1975. Si può dire, quindi, che appartiene alla "scuola" di Zubiri, anche se si dichiara "zubiriano eterodosso" (*Conv* 223). Egli stesso ha detto che l'incontro con il pensiero di Zubiri è stato "un punto di appoggio per liberarmi intellettualmente dalla scolastica" (*Conv* 222), lo considera "il filosofo che ha proposto il quadro concettuale più congruente con la scienza contemporanea", e nota che era molto critico con il tomismo intransigente che imperava nei centri ecclesiastici spagnoli (*Conv* 218s).

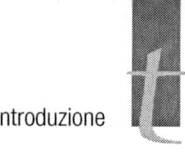

Introduzione

Monserrat è professore di *Teoria della conoscenza* presso l'Università di Comillas (Madrid) e di *Scienze cognitive* presso l'Università Autonoma di Madrid. Il nostro interesse è focalizzato sulla intuizione che ha avuto quando era un giovane professore, e che l'ha esposta e sviluppata ampiamente in *Existencia. Mundanidad. Cristianismo* (Madrid 1974). Il libro offre un modo proprio per giustificare l'esistenza di Dio e la fede cristiana, che contiene una profonda innovazione e una stimolante attualità. Ma il lavoro è difficile da leggere e ha avuto una risonanza ridotta. Ho potuto parlare personalmente con l'autore sul tema e giudico convincente la sua argomentazione. Monserrat ha proposto, nuovamente, la sua intuizione nella forma di un romanzo: *Dédalo. La revolución americana del siglo XXI* (Madrid 2002), e di recente, questa è stata integrata in un saggio sulla necessità di un nuovo paradigma del pensiero cristiano: *Hacia un Nuevo Concilio* (2010). A mio giudizio, il modo in cui Monserrat giustifica l'esistenza di Dio e la fede cristiana supera l'argomentazione di Zubiri sul tema, esposta in *L'uomo e Dio*. Così ho evidenziato nel mio studio *La Realidad de Dios. Su justificación y sentido en X. Zubiri y J. Monserrat* (Roma– Madrid 2004).

Il nostro testo presenta gli elementi fondamentali della filosofia zubiriana della realtà e dell'uomo, ed espone l'approccio all'enigma della realtà e la possibile risposta secondo Javier Monserrat. Egli afferma che nell'epoca della Scienza si deve ammettere la coerenza razionale della risposta agnostica, e mostra anche che il riconoscimento del senso dell'esperienza del silenzio di Dio per l'uomo porta alla affermazione razionale di Dio e a una rinnovata e approfondita giustificazione razionale della credibilità della figura di Cristo. Questo porta anche a considerare la questione sulla convenienza di un nuovo paradigma del pensiero cristiano.

Il testo ha cinque capitoli. I tre primi sono stati scritti in italiano. I capitoli quarto e quinto sono la traduzione di due capitoli d'un testo in lingua spagnola. Lo scritto in spagnolo corrisponde nella sua *prima parte*, a questo testo italiano che presentiamo; in una *seconda parte*, segue i temi del volume di testi inediti di Zubiri su questioni teologiche: *El problema teologal del Hombre: Cristianismo*, pubblicato nel 1997, dove lo stesso Zubiri applica i suoi concetti filosofici ai temi della teologia. Ci auguriamo di poter offrire più avanti, il testo spagnolo completo.

Il lettore deve tener conto che, sotto diversi aspetti, le pagine seguenti hanno un carattere di saggio. Per questo motivo, ci siamo limitati a indicare nella sezione *Abbreviazioni* le opere direttamente impiegate nel nostro lavoro.

Ringraziamenti

Dopo l'introduzione di quest'opera vorrei ringraziare le persone che con il loro aiuto la hanno reso possibile. In primo luogo, Santiago Bretón, che ha letto il testo e mi ha incoraggiato con i suoi commenti e osservazioni. In secondo luogo, Gianluca A. Giordano, il cui sollecito aiuto ha reso possibile la redazione in lingua italiana dei primi tre capitoli, Aldo e Mariangela Piazza per la revisione di parte del testo, Livia B. Andrade per la sua collaborazione, e in modo particolare il P. Domenico Ronchitelli che ha tradotto con cura i capitoli quarto e quinto. Infine devo ringraziare il P. François-Xavier Dumortier, Rettore della Pontificia Università Gregoriana, per i suoi commenti e il suo interesse per il tema, e per l'accettazione del manoscritto negli edizioni di *G&B Press*, la casa editrice dell'Università.

Roma, 12 marzo del 2013

José M. Millás

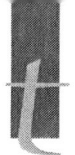

CAPITOLO 1

ELEMENTI DI FILOSOFIA DELLA REALTÀ

La filosofia di Zubiri è una filosofia della *realtà*.[1] La realtà per Zubiri è il termine primario dell'intelligenza. L'uomo condivide molte cose con l'animale; tuttavia si distingue da esso per il fatto che in rapporto all'animale le cose sono solamente stimoli; nel caso dell'uomo, invece, le cose percepite non sono semplicemente stimoli, ma l'uomo vi si rapporta in quanto esse mantengono una autonomia sufficiente ed una consistenza propria, *realtà stimolante* che invita l'uomo alla possibilità o meno di risposta. Per mezzo dell'intelligenza l'uomo è aperto alla realtà, in modo primordiale e costitutivo. La realtà è il termine formale dell'intelligenza.[2]

Secondo Zubiri, la filosofia è il modo umano di voler sapere che cosa è la realtà in quanto tale. Questo proposito può sorgere in qualsiasi tipo di sapere umano. I risultati, però, saranno fortemente determinati dal modo in cui la realtà si presenta all'intelligenza. Il problema radicale è, proprio, il *modo come le cose si presentano* all'intelligenza.[3]

A. L'atto primordiale dell'intelligenza

Le cose si presentano all'uomo in un atto dell'intelligenza, in un modo di attività intellettiva, in una "intellezione". In questo punto emerge la questione della sensibilità, vale a dire, la questione del ruolo che l'attività dei sensi ha nella presentazione della realtà all'uomo.

---

[1] X. ZUBIRI, *Sobre la realidad* (= SR), 9-38 (in questo capitolo i numeri nel testo o nelle note corrispondono a pagine di questa opera). La realtà è così fondamentale nel suo pensiero fino al punto di definire l'uomo "animale di realtà", e non "animale razionale".
[2] X. ZUBIRI, ISit 321; cfr 73ss.
[3] SR 9,10.

Cristianesimo e realtà

1. *Intelligenza e sensibilità*

In tutta la storia della filosofia si è sempre accettato che le cose si "danno" all'uomo per mezzo dei sensi, cioè, nei dati della sensibilità. L'intelligenza deve fare quello che i sensi non possono fare, vale a dire, avere la comprensione delle cose. Appare la dualità: sensibilità (attività dei sensi) – intelligenza (intellezione). La filosofia di Zubiri ha un modo proprio di spiegare questa dualità.[4] Afferma, infatti, che i dati delle cose, quando appaiono nella sensibilità, non sono dati che appartengono esclusivamente alla sensibilità, ma sono dati *della realtà* e anche dati *per l'intelligenza* che li deve comprendere. Il momento della sensibilità è necessario per questa comprensione, non perché offre dati sensibili all'intelligenza, ma perché l'intelligenza "trova" la realtà negli stessi dati della sensibilità. I sensi sono per l'intelligenza umana *via d'accesso alla realtà* (SR 17s).

Zubiri dice: "L'atto formale dell'intellezione senziente è apprensione impressiva di realtà... Quello che chiamiamo intelligire e sentire, non sono se non due momenti dell'unico atto di apprendere senzientemente il reale... L'intellezione è, dunque, costitutivamente e strutturalmente senziente in se stessa in quanto intellezione. Reciprocamente, il sentire è nell'uomo costitutivamente e strutturalmente intellettivo in se stesso in quanto sentire. Di qui il fatto che la sensibilità non è una specie di residuo 'iletico' della coscienza, come dice Husserl, né un 'factum brutum', come la chiamano Heidegger e Sartre, ma è un momento intrinseco e formale dell'intellezione stessa" (ISit 151).

Egli osserva che nelle concezioni della sensibilità come intuizione sensibile, c'è un'insistenza sul momento conoscitivo. Si pone l'accento in modo quasi esclusivo sul fatto che si tratta di un'intuizione.[5] L'attenzione si rivolge al momento conoscitivo e in questo modo sfugge quello più caratteristico della sensibilità, cioè, il fatto che si tratta di intuizione *sensibile*. Proprio il carattere sensibile dell'intuizione indica il modo di pre-

---

[4] Zubiri afferma che non vuole fare "teoria della conoscenza" ma "analisi dell'atto dell'intelligenza".

[5] SR 18-22. La sensibilità è stata concepita come intuizione, nella quale si compie la presenza immediata delle cose nell'attività dei sensi (18). Nella sensibilità accade così un'intuizione sensibile, nella quale l'oggetto è presente "corporalmente" (leibhaftig) (21).

Elementi di filosofia della realtà

sentarsi della cosa, vale a dire, il modo secondo cui la cosa reale si presenta all'uomo, e questo modo è per *impressione*; il dato sensibile è dato sensibile nella sensibilità per impressione. Questa è la cosa essenziale. Nell'intuizione sensibile la cosa è presente per impressione.

2. L'*impressione*

L'impressione è prima di tutto *affezione*, cioè, una certa modificazione nell'uomo. La cosa modifica in qualche modo l'uomo e l'uomo riceve dalle cose un'affezione "impressiva".[6]
Nell'impressione, però, non c'è soltanto modificazione nell'uomo; c'è anche la presenza della cosa che "impressiona". Il fatto che la cosa si presenti nell'impressione, indica il decisivo carattere di *alterità* nell'attività della sensibilità. I dati della sensibilità producono una modificazione e allo stesso tempo sono dati "della cosa". Nell'impressione c'è modificazione nell'uomo e, allo stesso tempo, il presentarsi della cosa. L'unità dei due momenti: *alterità* e *affezione* (modificazione), è costituita nell'impressione in quanto è intuizione della cosa reale e modificazione nell'uomo.[7]

3. *Impressione di realtà*

Nell'impressione la cosa reale si presenta nei dati della sensibilità. Non è, però, soltanto il presentarsi del contenuto della cosa. L'uomo percepisce nell'impressione i dati del contenuto e allo stesso tempo "sente la realtà della cosa". La percezione dei dati delle cose è percezione della loro realtà. L'attività dei sensi percepisce i dati delle cose, e sente anche un dato tutto particolare: sono dati di una cosa *reale*. L'uomo *sente la realtà* nell'attività dei sensi. Questo sentire la realtà nell'attività dei sensi deriva

---

[6] Nella storia della filosofia, si è stabilita una differenza tra sensibilità e intelligenza. Nella sensibilità ci sarebbe un'impressione, una modificazione o un'affezione. L'atto dell'intelligenza invece, sarebbe impassibile. L'impressione è stata anche capita come qualcosa di soggettivo; l'impressione sarebbe soltanto una modificazione del soggetto (SR 22, 23).

[7] SR 23. Il sentire è un processo e ha tre momenti essenziali: *Suscitazione, modificazione tonica* e *risposta* (ISit 81-83). Zubiri dice che "l'unità processuale del sentire è determinata dalla struttura formale della suscitazione"; ciò che suscita il processo senziente è l'apprensione sensibile, e questa "consiste formalmente nell'essere apprensione impressiva; ecco ciò che è formalmente costitutivo del sentire: l'*impressione*". Strutturalmente l'impressione ha tre momenti costitutivi: *affezione*, l'*alterità* e la *forza d'imposizione* (ISit 85-89); l'apprensione sensibile è dunque impressione.

13

dal fatto che l'intelligenza umana è "costitutivamente indirizzata" verso la sensibilità.[8] L'attività dei sensi ci afferma che siamo nella realtà, e che in essa ci muoviamo. L'impressione come attività della sensibilità umana è *impressione di realtà*.

Nell'impressione di realtà la cosa si presenta all'uomo con il suo contenuto e le sue qualità, e secondo un modo di presentarsi che Zubiri denomina *formalità di realtà*. La cosa, dice, ha un contenuto e una formalità, o modo di presentarsi, e aggiunge: La formalità "può essere di stimolità (caso dell'animale) oppure di realtà (nel caso dell'uomo). Nella formalità di stimolità la qualità è appresa solamente come segno di risposta. Invece, essere formalità di realtà consiste nel fatto che il contenuto è 'in proprio' ciò che è; è qualcosa 'da sé'. Realtà è, dunque, formalità del *da sé*" ("de suyo").[9] Realtà come formalità significa che la cosa, nel suo presentarsi all'uomo, mantiene una propria e sufficiente autonomia e indipendenza.

La realtà non è qualcosa di nascosto dietro i dati dell'impressione, non è, in primo luogo, un'affermazione dell'esistenza della cosa; neanche è il mero contenuto. Realtà è in primo luogo, il modo come le cose si presentano all'uomo nell'impressione.[10] L'impressione di realtà ha una struttura modale e una struttura trascendentale.

Struttura modale dell'impressione di realtà. L'atto dell'intelligenza non è un semplice "rimanere nelle cose". La realtà, quando si presenta all'intelligenza, si presenta impressivamente, nell'impressione, con una varietà di modalità sensibili. Tra queste modalità ci sono quelle che corrispondono ai diversi modi di sentire (vista, udito…). Zubiri determina undici modalità (ISit 177; cfr 167-185). Ce n'è uno che ha una particolare importanza: Il modo *in verso* (el modo *en hacia*), cioè, l'invito ad andare oltre. Quando la cosa reale si presenta all'intelligenza, tra i di-

---

[8] Afferma Zubiri: "La inteligencia humana… está intrínseca y formalmente vertida a la sensibilidad… (las) impresiones de la sensibilidad humana se encuentran intrínsecamente absorbidas en un acto intelectivo" (SR 35).

[9] ISit 233. Altra traduzione possibile di "de suyo": "Di suo".

[10] SR 24-26. Zubiri chiama *formalità di realtà* il modo come le cose si presentano all'uomo. Più avanti parlerà della realtà in se stessa, cioè, la *sostantività;* si deve notare che il presentarsi delle cose all'uomo è inteso da Zubiri come *attualità* della cosa, concetto zubiriano fondamentale che sarà trattato più avanti.

Elementi di filosofia della realtà

versi modi di presentarsi ce n'è uno che orienta l'intelligenza oltre la cosa. "La realtà si dà impressivamente a noi in un *verso*". Per il modo in *verso* di presentarsi, la cosa spinge l'intelligenza a non fermarsi nella sua attività e cercare realtà oltre la realtà appresa (ISit 179).

Struttura trascendentale dell'impressione di realtà. L'impressione di realtà ha un primo riferimento al contenuto *specifico* della cosa. Il momento di realtà, però, si espande oltre la cosa; ha un carattere *non specifico*. Per ciò, nella primaria impressione di realtà, l'uomo non soltanto rimane indirizzato verso il contenuto specifico della cosa reale, ma resta anche inserito nella realtà nel suo insieme, qualsiasi essa sia. Nel senso più preciso, il termine *non specifico* significa *trascendentale*. Si deve affermare, dunque, che per l'impressione di realtà "l'uomo resta trascendentalmente impiantato nella realtà come tale" (SR 38). Afferma Zubiri: "La trascendentalità non è concettiva, ma fisica. È un momento fisico delle cose reali in quanto sentite nell'impressione di realtà" (ISit 199).

Nell'impressione di realtà l'intelligenza apprende la realtà, cioè, avviene l'apprensione della realtà, la cui struttura è impressione.

4. *Apprensione di realtà*

Soltanto l'intelligenza può formulare giudizi, formare concetti e ragionare. Sono cose proprie dell'attività intellettuale, sono atti intellettuali.[11] In questi atti, però, appare sempre la realtà; sono atti che hanno sempre un riferimento costitutivo verso la realtà e sono orientati e indirizzati verso di essa. Non solo. Prima delle affermazioni e dei ragionamenti c'è sempre *apprensione di realtà*,[12] cioè, l'apprensione delle cose come reali. L'apprensione di realtà è l'atto elementare, esclusivo e radicale dell'intelligenza umana.

L'animale percepisce le cose come stimoli, e lo stimolo determina la risposta. Spesso nell'uomo accade anche così. C'è, però, un momento nel quale le strutture umane non possono più garantire una risposta adeguata. Allora l'uomo si ferma. Deve fare una cosa esclusivamente umana:

---

[11] SR 28. Nell'affermazione si vuole dire che cosa sono le cose *in realtà*; nell'attività razionale si fa il tentativo di dire che cosa sono le cose *nella realtà*.
[12] "Aprehensión de realidad".

Deve "farsi carico della realtà".¹³ Secondo Zubiri questo momento costituisce la *nascita* dell'intelligenza.¹⁴

Nel pensiero zubiriano c'è una convergenza tra sensibilità e intelligenza. L'atto radicale e primordiale dell'intelligenza è *apprensione di realtà*, che avviene per impressione. In quanto *impressione* è momento nella sensibilità. In quanto impressione *di realtà* è momento intellettivo. La sensibilità umana è immersa nell'intelligenza; è intellettiva perché in essa c'è impressione *di realtà*. L'intelligenza umana, da parte sua, ha un orientamento costitutivo verso la sensibilità; nell'impressione "trova" la realtà.

La sensibilità umana e l'intelligenza non eseguono atti diversi come se fossero facoltà diverse. Non si tratta di due facoltà, ma di un'unica facoltà: L'*intelligenza senziente*. Questa facoltà ha due potenze: Intelligenza e sensibilità. L'attività della sensibilità e l'attività dell'intelligenza costituiscono momenti diversi dello stesso atto; costituiscono il momento sensibile e il momento intellettivo dell'atto primordiale dell'*intelligenza senziente*: L'*apprensione primordiale di realtà*.¹⁵

Certamente, l'attività dell'intelligenza (comprendere, affermare, ragionare) e l'attività dei sensi (sentire) sono due modi di attività irriducibili. Sono, però, attività umane integrate in un unico atto; procedono da una struttura unitaria: l'*intelligenza senziente*. Da una parte, l'intelligenza ha un orientamento costitutivo verso la sensibilità, e dall'altra, le impressioni della sensibilità sono impressioni *di realtà*, e pertanto appartengono ad un atto intellettivo. Si tratta di un unico atto che può essere denominato *intellezione senziente* o *sentire intellettivo*. Il termine di quest'unico atto è la cosa reale (34s).

L'atto primordiale dell'intelligenza è l'*apprensione di realtà*. Si tratta dell'atto umano, nel quale si "apprende" realtà. La struttura di questo atto primordiale è la "impressione" di realtà.¹⁶

Secondo Zubiri, "l'impressione di realtà è un fatto da sottolineare necessariamente rispetto al dualismo classico. L'intellezione senziente è un

---

[13] "Debe hacerse cargo de la realidad".
[14] "El orto de la inteligencia" (SR 32; cfr 29-31).
[15] SR 32,33.
[16] Si può pensare che l'apprensione sia esperienza, ma sarebbe un uso non zubiriano del termine. Si veda il senso zubiriano di esperienza in ISit 1183ss; quello che Zubiri chiama "espe-

Elementi di filosofia della realtà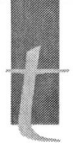

fatto" (ISit 151). Lui denomina *intelligenza concipiente* all'intelligenza nella concezione in cui c'è il "dualismo tra intelligere e sentire", e dice che "è una concezione metafisica che, tra l'altro, deforma i fatti" (153).

Zubiri costata delle differenze tra la sua concezione dell'*intelligenza senziente* e la concezione classica, che denomina *intelligenza concipiente*.

L'*intelligenza senziente* ha un proprio oggetto *formale*: la realtà, che non è dato dai sensi "a" l'intelligenza, ma è dato dai sensi "in" l'intelligenza. L'atto formale e primordiale dell'intelligenza non è concepire e giudicare, ma *apprendere* il suo oggetto, la realtà, in impressione, cioè, l'atto unitario dell'*apprensione senziente del reale* (ISit 153).

Secondo Zubiri, la filosofia classica ha pensato che "intelligere sarebbe apprendere di nuovo ciò che è dato dai sensi 'a' l'intelligenza" (il primo "apprendere" sarebbe l'apprendere dei sensi); l'oggetto primario dell'intelligenza "è il sensibile, dato dai sensi 'a' l'intelligenza"; e l'atto proprio dell'intelligenza sarebbe un concepire e un giudicare "su ciò che è dato dai sensi", cioè, una *dichiarazione* di ciò che la cosa è; l'intellezione sarebbe "logos predicativo" (Platone, Aristotele). Il nostro autore denomina *intelligenza concipiente* la concezione dell'intelligenza di questa filosofia, perché *il suo atto proprio è giudicare e concepire*; non è, però, intelligenza *concipiente* perché concettualizza, ma perché "concettualizza il dato dai sensi 'a' l'intelligenza" (153).

Zubiri avverte che "abbandonare l'intelligenza concipiente non significa non concettualizzare il reale", e osserva che "concettualizzare è solamente un dispiegamento intellettivo dell'impressione di realtà"; si tratta del fatto che "i concetti siano in primo luogo adeguati non alle cose date dai sensi 'a' l'intelligenza, ma ai modi di sentire intellettivamente il reale dato 'in' l'intelligenza" (ISit 155).

L'uomo s'inserisce costitutivamente nella realtà nell'atto primordiale dell'intelligenza: L'*apprensione primordiale di realtà*.[17] L'inserimento originale e iniziale avviene nell'apprensione di un "settore" di realtà: Realtà

---

rienza" è il momento dell'attività razionale, nel quale la ragione fa la "verifica" dell'abbozzo di quello che potrebbe essere la realtà; in Zubiri "esperienza significa prova fisica di realtà", così traduce A. Savignano in: X. ZUBIRI, *L'uomo e Dio*, Marietti, Genova – Milano 2003, 125 (= UD); X. ZUBIRI, *El hombre y Dios* 156 (HD).

[17] È l'atto primario e radicale dell'intelligenza senziente.

"immediatamente sentita", che Zubiri denomina *campo di realtà*. Mediante l'attività primordiale si costituisce il *campo di realtà*, per mezzo del quale l'uomo è costitutivamente inserito nella realtà.[18] Questo succede "prima" dell'attività affermativa. L'attività primordiale dell'intelligenza è "anteriore" a qualunque tipo d'affermazione o giudizio.

B. Attualità e sostantività

1. *L'attualità*

L'apprendimento di realtà accade nella "presentazione" della cosa reale all'intelligenza. In essa la cosa reale si fa attuale, acquista *attualità*. Attualità è il carattere essenziale dell'*intellezione senziente*.[19] Nella presentazione all'intelligenza la cosa reale si fa attuale da se stessa ed in se stessa, precisamente per il fatto d'essere reale.

Zubiri distingue il suo concetto d'attualità dal concetto classico, secondo il quale attualità consiste in "essere in atto", cioè, essere nella pienezza di quello in cui la cosa consiste.[20] Chiama, infatti, *attuità* l'attualità in senso classico. L'attualità zubiriana, invece, consiste nell'essere presente della cosa reale nel mondo. Certamente, senza *attuità*, senza che la cosa sia in atto, non c'è attualità. L'attualità, però, non è soltanto lo stare in atto della cosa reale, e bisogna distinguere tra attualità della cosa ed il suo atto. L'atto è la costituzione della cosa come realtà. Come tale sarà sempre qualcosa di previo all'attualità, cioè, previo al momento di presentarsi la cosa reale all'intelligenza. L'attualità implica un'attività della realtà, per cui la cosa reale si presenta nel mondo. L'attualità può acquisirsi o perdersi, e ci sono diversi livelli d'attualità (UD 16; HD 25).

Il primo livello dell'attualità della cosa, però, è la sua attualità nel mondo. Ogni cosa reale ha un'apertura costitutiva "verso" le altre cose ed è presente nel mondo proprio perche è reale; ha attualità e si fa attuale nel mondo. Non si tratta, però, di mera presenza, bensì del *presentarsi* nel mondo.

Un modo particolare dell'attualità consiste nel presentarsi della cosa all'intelligenza umana. Accade allora l'*attualità nell'attività dell'intelligenza*.

---

[18] Zubiri chiama *campo di realtà sentita* il risultato dell'insieme di "apprensioni di realtà".
[19] ISit 211ss.
[20] ISit 215,217.

Elementi di filosofia della realtà

Quando l'intelligenza apprende la cosa reale, però, si accorge che la cosa è reale *anteriormente* alla sua attualità, cioè, anteriormente al momento di presentarsi all'intelligenza come realtà attuale. Orbene, l'intelligenza soltanto può apprendere la cosa reale quando questa si presenta nella sua attualità.[21]

Zubiri spiega il concetto d'attualità con esempi. Afferma che nel nostro tempo i virus hanno attualità per l'uomo. Tempo fa, i virus non avevano per l'uomo nessuna attualità. Ora l'hanno, ma è un'attualità estrinseca alla realtà dei virus. L'attualità di una persona, invece, che diventa presente in un posto, è un'attualità che dipende da quella persona stessa. In questo caso, la persona umana diventa attuale da se stessa e la sua attualità è intrinseca alla sua realtà. Orbene, l'attualità prima e più radicale è precisamente l'attualità di una cosa reale per il fatto d'essere reale. Ogni cosa reale, proprio perché è reale, ha attualità nel mondo: "È presente, è attuale nel mondo" (UD 16s; HD 26).

L'atto primario dell'intelligenza è apprensione di realtà, vale a dire, affrontare la realtà così come si presenta, apprendere la cosa come "di suo" nella sua attualizzazione nell'intelligenza. L'atto primordiale dell'intelligenza è apprendere la realtà nella sua *attualità*. L'atto dell'intelligenza, l'intellezione, "è una mera e semplice attualizzazione" della cosa reale (SR 37).

Zubiri afferma che i greci e i medievali hanno prestato attenzione soprattutto "alla produzione dell'atto di intellezione", cioè, l'atto dell'intelligenza. La filosofia moderna invece "ha prestato attenzione all'atto in se stesso. Chiaramente, con una limitazione radicale: ha pensato che l'intellezione è formalmente conoscenza". Zubiri si concentra nell'analisi dell'*intellezione*, in cui "*sta presente l'intelligito*" (cioè, la cosa *intelligita* nell'atto dell'intelligenza). "Ma questa idea generale si può capire in differenti modi. Si può pensare che lo stare presente consiste nel fatto che il presente sta posto dall'intelligenza per essere intelligito. Stare presente significa 'stare posto'... L'*intelligito*, per poter essere intelligito, ha bisogno di stare proposto all'intelligenza. Ed è l'intelligenza che fa questa proposta. Fu l'idea di Kant". Ma si può anche pensare che "l'essenza dello stare presente...è l'essere termine intenzionale della coscienza. Stare presente consisterebbe

---

[21] Sulla distinzione tra "attualità (actualidad)", cioè essere attuale, e "attuità (actuidad)", essere in atto, si veda: ISit 215-221.

nella *presenza intenzionale*. Fu questa l'idea di Husserl". Finalmente, "si può pensare che stare presente non è formalmente né posizione, né intenzione, bensì disvelamento. Fu questa l'idea di Heidegger" (ISit 213).[22]

Secondo Zubiri, lo *stare presente* "non consiste nell'essere termine di un atto intellettivo, qualsiasi esso sia. Ma 'stare' è un momento proprio della cosa stessa; è la cosa quella che sta. E l'essenza formale dell'intellezione consiste nell'essenza di questo stare". Lui osserva che "l'intellezione senziente è apprensione impressiva di qualcosa in quanto reale; allora il *proprium* del reale intelligito è stare presente nell'impressione di realtà". Il nostro autore afferma che "questo stare presente consiste formalmente in uno stare come mera *attualità* nell'intelligenza senziente. L'essenza formale dell'intellezione senziente è questa mera *attualità*" (ISit 215).

Nel momento d'apprensione di realtà, l'atto dell'intelligenza è un atto primordiale e di attualizzazione della cosa reale, attualizzazione della realtà della cosa. Si tratta di una *riattualizzazione* in quanto la cosa reale è già attuale nel mondo prima di presentarsi all'intelligenza umana e farsi attuale in e a essa. L'intelligenza, da parte sua, acquista attualità proprio nel momento d'apprendere la cosa reale che si fa attuale. Avviene allora un evento di *attualità comune*, che costituisce "l'unità formale dell'intellezione senziente".[23]

Il problema che appare all'intelligenza è accertare se quello che le cose sono *di suo*, sono in se stesse, eccede o meno l'ambito della loro *attualizzazione*. A questo punto si presenta la questione della struttura della realtà.

2. Le cose reali ed i loro elementi: le "note"

Le cose reali sono costituite da elementi e proprietà, che Zubiri chiama *note*. Egli afferma che il termine "nota" ha il vantaggio di designare unitariamente due momenti nell'apprensione: da un lato la nota appartiene alla cosa reale; dall'altro, notifica quello che la cosa è secondo questa nota.[24]

---

[22] Secondo Zubiri, invece, "l'intellezione non è formalmente né posizione, né intenzione, né disvelamento, perché in qualsiasi di queste forme l'intelligito 'sta presente' nell'intellezione" (ISit 213).

[23] ISit 237; 239-245.

[24] UD 9s; ISit 87,89; cfr 295-303.

Le note appartengono alla cosa, sono di sua proprietà, sono *sue*. L'insieme delle note costituisce la cosa reale. L'appartenenza delle note alla cosa è un'appartenenza *da sé*, o *di suo* (UD 11; HD 19s). Questa espressione vuole indicare che le note non sono solamente segni che suscitano e determinano una risposta, bensì realtà; le note non sono unicamente momenti di uno stimolo, ma sono reali.

Le note hanno un contenuto ed un modo di presentarsi. Nell'uomo, il modo di presentarsi della cosa costituisce l'apprensione di realtà. In essa la cosa si presenta come realtà, cioè, presentandosi non perde la sua autonomia, ma mantiene un'alterità propria; non determina la risposta, ma lascia un sufficiente spazio di libertà (UD 10; HD 18).

2.1 Cosa reale e cosa-senso

Zubiri fa la distinzione tra cosa reale e cosa-senso. Prende come esempio un "tavolo", e afferma che l'apprensione di realtà non è mai direttamente apprensione del tavolo. L'apprensione primordiale di realtà è apprensione di una struttura di legno. La struttura di legno si trasforma in "tavolo" quando diventa un elemento integrato nella vita dell'uomo. Il tavolo è "cosa-senso", ha un senso per la vita dell'uomo. Il fatto è, però, che il tavolo agisce sulle altre cose non come tavolo, ma come struttura di legno con determinate qualità: peso, colore, volume, etc. (UD 10s; HD 19).

3. *La sostantività. La cosa reale come "sistema di note"*

Le note della cosa reale formano un'unità. Orbene, quest'unità non è solamente una somma d'elementi. L'insieme delle note forma un'unità sistematica, in cui ogni nota appartiene all'insieme, è nota del sistema. "La realtà ultima e primaria di una cosa consiste in essere un sistema di note" (SR 20).

Le note o elementi del sistema possono essere di due tipi. Ci sono elementi che costituiscono il sistema. Altri, invece, sono elementi aggiunti, perché sono risultato dell'azione di una cosa su un'altra. Gli elementi che costituiscono il sistema appartengono alla cosa reale e la costituiscono. Sono gli elementi *costituzionali* della cosa reale e proprio per essi il sistema ha *sufficienza costituzionale*. La cosa reale ha la sua unità sistematica e la sua autonomia, proprio perché ha una propria sufficienza costituzionale. La *sostantività* è il sistema o struttura della cosa reale, quando possiede sufficienza costituzionale (SR 20s).

Zubiri distingue la sostantività della sostanza. Afferma che un organismo può avere molte sostanze (glucosio, acqua, minerali) ma solamente una sostantività costituita dall'unico sistema con sufficienza costituzionale. Le note della sostantività non sono *accidenti* di una *sostanza* o *proprietà inerenti* di un soggetto, bensì note *coerenti* tra di loro nell'unità del sistema. Le cose reali, pertanto, non sono soggetti sostanziali, bensì sistemi sostantivi di note coerenti tra di loro (21).

La realtà, dunque, è costituita da una complessa struttura: la *sostantività*, che è dinamica. I suoi elementi, o *note*, non sono elementi "nella" struttura, bensì elementi "della" struttura, cioè, di tutta la struttura. Non possono essere modificati, aggiunti o soppressi, senza che tutta la struttura soffra una modificazione corrispondente.[25]

L'attualizzazione della sostantività ha "dimensioni"; Zubiri le chiama così perché "in ogni dimensione è misurata la sostantività". Queste dimensioni sono tre. Nella sua attualizzazione, la sostantività si attualizza *come un tutto*; "il tutto attualizzato in ogni nota o in qualche gruppo di note è la prima dimensione della sostantività". Questo tutto, in secondo luogo, non è un mero aggregato di note; "ha una *coerenza*". "Il sistema resta attualizzato come un tutto coerente. Alla fine, in terzo luogo, questo tutto coerente ha una specie di 'durezza' per la quale diciamo che è *durevole*. Durare è qui 'stare essendo'. La sostantività ha questa tripla dimensione di totalità, coerenza e duratività. Il reale è 'da sé' totale, coerente, durevole". "Il reale a partire da un'intelligenza senziente è sostantività dimensionale" (ISit 301).

Zubiri situa la sua comprensione del reale facendo una breve indicazione di momenti chiave della storia della filosofia. Dice che "la filosofia classica antica e moderna ha affrontato il problema del reale con un'intelligenza concipiente"; secondo questa prospettiva, "Parmenide pensò che l'intelligito è dato come uno *jectum* (*keímenon*). Aristotele fece un passo in più: l'intelligito non è *jectum*, ma *sub-jectum* (*hypo-keímenon*), sostanza. Le sue note sono 'accidenti', qualcosa che sopravviene al soggetto e che non si può concepire se non in quanto inerente a esso". La filosofia moderna fece un passo

---

[25] Zubiri chiama "stato costrutto" la struttura della sostantività, cioè una struttura nella quale togliere un elemento modifica tutta la struttura.

Elementi di filosofia della realtà

in più su questa linea: "L'intelligito è *jectum*, ma non è *sub-jectum*, bensì *ob-jectum*. Le sue note sarebbero predicati oggettivi" (ISit 301). Per l'intelligenza senziente zubiriana, invece, "la realtà non è *jectum* (né *subjectum* né *objectum*), bensì il reale è ciò che ha la formalità del *da sé*", cioè, il modo di presentarsi all'intelligenza mantenendo l'autonomia e alterità proprie della cosa reale. "A differenza di quello che si pensò nell'intelligenza concipiente, cioè che il reale è sostanzialità e oggettualità, nell'intelligenza senziente il reale è *sostantività*. Pertanto, le note non sono accidenti 'in-erenti' a un soggetto sostanziale, né sono predicati di un oggetto, ma sono momenti costituzionalmente 'co-erenti' in un *sistema costrutto sostantivo*" (301, 303).

Essenza della sostantività. Nel sistema *costituzionale* della cosa reale c'è un sottosistema formato dalle note *costitutive* (note non fondate). Queste riposano su se stesse e sono il fondamento delle altre note, cioè, delle note *costituzionali* (note fondate). Un esempio di questo sarebbe le caratteristiche di un essere vivo, che sono fondate nella propria struttura genetica. In questo caso le note *costitutive* sarebbero i geni che fondano le note *costituzionali*, cioè, le caratteristiche dell'essere vivo. Le note costitutive sono le note necessarie e sufficienti affinché una realtà sostantiva abbia note costituzionali. Secondo Zubiri, il sistema formato per le note costitutive è l'*essenza* della cosa. L'*essenza* "è il principio strutturale della sostantività".[26]

Forma di realtà. Ogni elemento o nota del sistema ha un contenuto e possiede una forma di realtà. Il sistema intero ha anche la sua forma di realtà. Zubiri distingue la forma di realtà di un minerale, di un essere vivo, della realtà personale. Sono diverse forme di realtà. Ad ogni forma di realtà corrisponde un modo d'inserimento nella realtà. La pietra, l'animale, la persona umana, sono forme distinte di realtà alle quali corrispondono modi diversi d'inserimento nella realtà. La cosa reale ha un contenuto determinato ed un momento di realtà. Il contenuto è determinato dagli elementi della cosa reale. Il momento di realtà si concreta in una forma determinata di realtà (SR 22s).

---

[26] Secondo Zubiri, l'essenza non è il correlato di una definizione; l'essenza delle cose non è "essenza" della sostanza, bensì "principio strutturale della sostantività" (X. ZUBIRI, *Sobre la esencia*, Madrid 1972, 4ª ed., 7 e 521); UD 12s.

4. La rispettività

La struttura di ogni cosa reale, per il fatto d'essere reale, è aperta alle altre cose nella *rispettività*. Si tratta di un'apertura costitutiva e anteriore ad ogni relazione. È un momento fisico nella cosa.[27] Il *mondo* è l'insieme totale di cose reali aperte alle altre cose, aperte pertanto alla realtà in quanto tale (SR 23s).

La *rispettività* non è mera relazione o vincolo, bensì apertura reale e costitutiva, che nell'uomo accade primordialmente per l'attività dell'intelligenza. Questa apertura costituisce l'unica dimensione trascendentale della cosa reale. In conseguenza, l'unica condizione di possibilità dell'attività dell'intelligenza risiede nell'inserzione radicale nella realtà e nell'apertura costitutiva verso le cose, verso il mondo.

5. L'essere della cosa reale

Secondo Zubiri, l'*essere* è l'attualità della realtà, il suo "presentarsi" nel mondo. Per lui l'essere è verbo, non il sostantivo che corrisponda al termine diretto dell'attività dell'intelligenza. Il termine formale dell'intelligenza è la realtà. L'essere è sempre l'essere della realtà, e pertanto la presuppone. La realtà è primordiale; è termine formale dell'intelligenza. Orbene, la realtà ha sempre *essere*, è sempre attuale (sempre *è*). Da questo ne consegue che l'essere è *posteriore* alla realtà. Questa possiede priorità filosofica rispetto alla sua attualità, cioè, rispetto al suo essere. Perciò si può parlare dell'ulteriorità dell'essere rispetto alla realtà. Questa *ulteriorità* è precisamente l'attualità. *L'essere è l'attualità della realtà nel mondo* (UD 17; HD 26). Infatti, il presentarsi della cosa reale nel mondo è il suo essere, l'attualità più radicale d'ogni cosa. Inoltre, poiché la realtà è il termine dell'intellezione, l'intellezione diretta della cosa è la realtà. L'essere è appreso nell'intellezione in modo indiretto, cioè, è il *presentarsi* della cosa all'intelligenza.

In conclusione, il termine dell'intelligenza è la realtà. La realtà non è *essere*, cioè, non è in primo luogo ente, ma sempre "è", sempre si presenta ed è attuale. Questa attualità è l'essere della realtà. La cosa primaria e radicale è la realtà: "Il carattere primo e più radicale delle cose non è essere enti, bensì essere realtà".[28]

---

[27] Questo esclude qualunque tipo di apriorismo.
[28] HD 26; cfr UD 17 e ISit 311ss. La filosofia zubiriana della realtà include una critica della concezione classica dell'essere.

Elementi di filosofia della realtà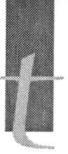

6. Il potere della realtà

Le cose si presentano all'intelligenza umana come reali, come "di suo", cioè, con una propria autonomia che non perdono per il fatto di presentarsi all'intelligenza. Essere reale, infatti, consiste nel possesso degli elementi costitutivi come propri, cioè, possederli "di suo". Questo dà consistenza ed autonomia alla cosa e costituisce la *nuda realtà* della cosa. Nella cosa reale c'è anche un momento di *esigenza*; c'è come una *esigenza* che la cosa sia la realtà che è. La cosa reale possiede, inoltre, un *potere* per il quale domina sul suo contenuto e può agire su altre cose reali. Questa attuazione non è necessariamente causalità o "produzione". Il più delle volte avrà un carattere di successione, nella quale potrà accadere la dipendenza funzionale che alcune cose hanno rispetto ad altre.

Zubiri conclude affermando che la *nuda realtà* della cosa reale implica l'*esigenza* che la cosa sia quello che è e, inoltre, un momento di *potere* della realtà. La cosa reale è quella che è, acquista consistenza per un'esigenza che la fa essere quello che è e possiede il potere o capacità di agire sulle altre cose (UD 17-19; HD 27-29).

7. La verità reale

L'atto primordiale dell'intelligenza: l'apprensione di realtà, ha il suo momento di verità. Zubiri la denomina *verità reale*, e afferma che costituisce un momento di *ratifica* dell'attualità della cosa reale, quando si fa attuale nell'intelligenza senziente. L'uomo accoglie la *verità reale* della cosa nel momento d'attualizzazione di essa nell'intelligenza. Che cosa aggiunge il momento d'attualizzazione al reale? (ISit 327).

Il nostro autore nota che la realtà non si esaurisce nell'intellezione, ma l'intellezione è vera per il fatto d'intelligere ciò che la cosa realmente è, e aggiunge: "Ciò che la mera attualizzazione del reale aggiunge alla realtà è, dunque, la sua verità..., verità è puramente e semplicemente il momento della reale presenza intellettiva della realtà". Quindi, la mera attualizzazione del reale aggiunge verità alla sua realtà (329).

Zubiri precisa questa concezione di verità, e osserva, prima di tutto, che si tratta della verità nella forma primaria e radicale dell'intellezione senziente, in cui ciò che si apprende si attualizza e "sta direttamente, immediatamente e unitariamente appreso" come reale, come "da sé". Un punto fondamentale del suo pensiero è che la realtà del reale, il "da sé", è *anteriore* all'intellezione, ma è *presente* in essa proprio nella sua anteriorità; ebbene, la realtà, il "da sé", in quanto *anteriore* all'apprensione è realtà *della cosa;* in quanto *presente* nell'apprensione è propriamente la verità come *qualità dell'intellezione;* ma è sempre il reale appreso che "dà verità" nell'intellezione (333).

Questa verità primaria dell'intellezione non si identifica con la realtà, ma non aggiunge al reale niente di diverso della sua realtà; ciò che aggiunge, però, è una specie di ratifica secondo cui l'appreso come reale sta presente nella sua stessa apprensione; questa verità è ratifica della realtà appresa. Zubiri afferma: "*Ratifica* è la forma primaria e radicale della verità dell'intellezione senziente. È ciò che io chiamo *verità reale*", e conclude questa parte del discorso dicendo: "Ecco la natura essenziale della *verità reale*: il reale sta 'ne' l'intellezione, e questo 'in' è ratifica" (ISit 333).

Il nostro autore è convinto che la verità reale, come mera ratifica del reale, è *anteriore* all'idea classica di verità costituita nel riferimento della cosa reale a ciò che di essa si concepisce o si afferma; lui chiama *verità duale* all'idea classica di verità, per il fatto che implica due elementi: cosa reale e affermazione o concetto; la verità reale, invece, è verità *semplice*, è mera ratifica del reale appreso. Egli precisa la differenza e osserva che nella verità reale il reale sta ratificando; nella verità dell'affermazione, verità come *conformità*, il reale sta *veridettando* –dettando la sua verità-; nella verità del concetto, verità come *autenticità*, il reale sta *autenticando;* nella verità della ragione, il reale sta *verificando*. Veridettare, autenticare, verificare sono tre forme di modalizzare la verità reale come ratifica; "tale verità reale è il fondamento della verità duale" (335).

La verità reale ha un carattere *semplice* in quanto mera *ratifica*. La verità dell'affermazione e del concetto, invece, ha un carattere *duale* perché richiede un momento di conformità tra la cosa e l'affermazione o il concetto. Nella verità reale, cioè, nel momento di *verità* nell'apprensione di realtà, *non ci sarebbe la possibilità di errore*, proprio per la sua natura di verità *semplice* (335).

La verità reale è la verità nell'impressione di realtà, e "ogni impressione ha tre momenti: affezione, alterità (contenuto e formalità), forza di imposizione". La verità reale è ratifica della realtà appresa, e "la ratifica è la forza di imposizione dell'impressione di realtà; la ratifica è la forza della realtà nell'intellezione" (341). Zubiri conclude l'esposizione della

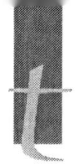

Elementi di filosofia della realtà

verità reale dicendo: "Dato che l'intellezione impressiva è mera attualizzazione, risulta che non siamo noi quelli che andiamo alla verità reale, bensì la verità reale ci tiene, per così dire, nelle sue mani. Non possediamo la verità reale ma la verità reale ci tiene posseduti per la forza della realtà" (343), cioè, la *forza d'imposizione* della realtà nell'impressione.

Appendice 1
L'attività affermativa e l'attività razionale

Da quanto abbiamo detto fino a questo momento possiamo affermare in maniera decisiva che l'attività dell'intelligenza non ha il suo inizio nell'affermazione o nel giudizio. L'atto primordiale dell'intelligenza avviene nell'apprensione di realtà. L'affermazione e l'attività razionale sono *modi ulteriori* dell'attività dell'intelligenza. L'attività dell'intelligenza umana, dunque, parte dall'inserimento nella realtà, ha un carattere radicalmente a posteriori e si sviluppa secondo tre modi: apprensione primordiale, attività affermativa, attività razionale.[29]

Per quanto riguarda l'*apprensione primordiale* si rimanda all'esposizione dei concetti precedentemente esposti.

L'*attività affermativa* emerge come "movimento" dell'intelligenza tra le cose reali, immediatamente sentite e apprese nell'apprensione di realtà, che costituiscono il *campo di realtà*. L'attività affermativa parte dall'inserimento iniziale nella realtà e vuole costatare che cosa sia la realtà delle cose apprese nell'apprensione, che cosa sia la cosa *in realtà*. Ha inizio un "movimento" dell'intelligenza tra le cose del "campo di realtà" per riconoscere le cose, il rapporto tra esse e darne espressione nell'affermazione. Si sviluppa così il linguaggio, la cui struttura si stabilisce in corrispondenza con la struttura della realtà.

Orbene, l'insieme di cose reali immediatamente sentite e in rapporto tra loro, non esaurisce la realtà che l'intelligenza potrebbe e vorrebbe conoscere. Le cose apprese nell'apprensione possiedono un'apertura non

---

[29] I tre modi d'attività dell'intelligenza sono esposti da Zubiri rispettivamente nei tre volumi della sua filosofia dell'intelligenza: *Inteligencia sentiente*; trad. it. *Intelligenza senziente* (= ISit). Qui facciamo brevissime indicazioni per completare l'esposizione.

solo verso le altre cose del *campo di realtà sentita*, ma anche verso le cose oltre il campo di realtà, cioè, verso il mondo. L'intelligenza è così costitutivamente aperta e si sente *lanciata* dalle cose del *campo, verso* le cose del *mondo*, verso la conoscenza della realtà "in profondità". Ha origine così l'attività razionale.

L'*attività razionale* è un modo d'attività dell'intelligenza "successivo" all'attività affermativa; vuole conoscere che cosa sia la cosa *nella realtà*, vuole conoscere la *realtà in profondità*, cioè, la realtà del mondo (cfr RD 40ss). Il fatto è che la realtà sentita e appresa nel campo "dice" all'intelligenza che c'è realtà più in là del campo di realtà sentita, e orienta e spinge verso la conoscenza della realtà oltre il campo, cioè, verso la *realtà in profondità*. Inizia così la *marcia* dell'intelligenza verso la realtà del mondo. L'inserimento iniziale nella realtà è il *punto di partenza* e appoggio della marcia razionale, costituisce il *sistema di riferimento* dell'attività razionale, contribuisce a progettare l'*abbozzo* di quello che potrebbe essere la cosa reale nel mondo e proporziona i criteri e le norme per un'adeguata *verificazione* dell'abbozzo "creato" e dei risultati dell'attività razionale. La verificazione avviene nell'esperienza, che Zubiri capisce come *probazione fisica di realtà*.[30]

I *risultati* dell'attività razionale sono abbozzi sottomessi a verificazione, di quello che potrebbe essere la realtà del mondo. L'esperienza permette di conoscere parzialmente la struttura del mondo e spinge verso una conoscenza più ampia di esso. I risultati, però, non saranno dati finali pienamente compiuti, chiusi a una posteriore conoscenza. Saranno aperti a correzioni e successivi approfondimenti, secondo criteri di valutazione che derivano dall'inserimento iniziale nella realtà. Le conclusioni della ragione rimangono aperte all'attività razionale ulteriore; sono aperte ad un progresso nella determinazione della realtà del mondo.

I risultati dell'attività razionale pretendono, in ultimo termine, di conoscere il fondamento della realtà. In questo tentativo appare inevitabilmente la questione di Dio, ultimo fondamento possibile di tutte le cose. Tuttavia, per loro natura i risultati della ragione non possiedono una cer-

---

[30] Zubiri nota che il termine *verificazione* procede da *verum* e *facere*, "fare vero", e ha il senso di "fare che qualcosa sia vera", che "l'abbozzo sia vero" (ISit 239, 241; IS III, 264-266).

tezza assoluta. Possono avere soltanto certezza morale, cioè, un grado maggiore o minore di certezza, per cui sono ragionevoli e possono giustificare una scelta di vita. Le conclusioni dell'attività razionale, dunque, hanno solo certezza morale e, proprio per questo, non eliminano la libertà della ragione né la libertà nella scelta. Non s'impongono necessariamente alla ragione. Non sono *impositive*. Rimane sempre un sufficiente grado di libertà. "L'essenza della ragione è libertà. La realtà ci forza ad essere liberi" (ISit 1033; IS III 107).

Conclusione

Secondo la filosofia zubiriana, la realtà non è costituita da due zone, sensibile ed intelligibile, corrispondente l'una all'attività dei sensi e l'altra all'attività dell'intelligenza. L'attività dei sensi, quando è davvero umana, in essa agisce anche l'intelligenza. La percezione umana è una percezione intelligente e l'atto dell'intelligenza è intellezione senziente. La contemplazione di un paesaggio, o di un'opera d'arte, suppone tanto l'attività dei sensi quanto dell'intelligenza. Prima di qualunque tipo d'affermazione o giudizio, l'intelligenza è già attiva nell'attività dei sensi. La conseguenza è il superamento del dualismo classico consistente nella separazione tra l'ambito proprio dell'attività dei sensi (sensibile o empirico) e l'ambito intelligibile, proprio dell'attività dell'intelligenza. Si supera anche la concezione dell'atto dell'intelligenza come astrazione di dati intelligibili dai dati sensibili. Secondo Zubiri, la realtà è unitaria. I dati sensibili sono dati della realtà e l'intellezione umana è intellezione senziente. Il termine formale dell'intelligenza umana è la realtà. La realtà è unitaria e l'atto dell'intelligenza senziente è anche unitario nei due momenti: sentire e intelligere.

CAPITOLO 2
LA REALTÀ "UMANA"

A. La realtà sostantiva umana

1. *Tre gruppi di elementi nella realtà umana*

La realtà dell'uomo, come ogni realtà, consiste in un sistema di note o elementi che costituiscono la sua sostantività. Nella sostantività umana ci sono tre gruppi di elementi: quelli che corrispondono alla vita, quelli alla sensibilità o attività dei sensi, e quelli all'intelligenza. La realtà umana, dunque, è un sistema sostantivo che ha *vita*, *sensibilità* e *intelligenza*.

La vita. L'uomo è un essere vivo. Come tale possiede una certa indipendenza dall'ambiente nel quale vive ed un sufficiente controllo su di esso. Indipendenza e controllo sull'ambiente sono due caratteristiche nell'essere vivo per le quali l'uomo può eseguire azioni ordinate al suo intero sistema sostantivo. Queste azioni sono momenti di "auto-possesso". L'auto-possesso è un momento esclusivo dell'essere vivo. Evidentemente non è lo stesso nella cellula o nell'uomo. Ci sono diversi gradi di vita. Vivere, però, è essere "se stesso"; la vita è auto-possesso. Il decorso della vita umana è il modo in cui si sviluppa nell'uomo il processo del suo auto-possesso.

L'attività dei sensi. L'uomo è un essere vivo animato, cioè è un essere vivo animale. La cosa caratteristica della vita dell'animale è l'attività dei sensi che consiste essenzialmente nell'avere *impressioni*. In effetti, le cose si presentano all'essere vivo nell'impressione dei sensi. Questa ha due momenti. In primo luogo, l'impressione ha influsso sull'animale e produce una *modificazione* nella struttura dell'essere vivo, che corrisponde al contenuto dell'impressione (colore, peso, suono, etc.). In secondo luogo, nell'impressione c'è un momento di *alterità*. La modificazione secondo i sensi, infatti, ha un riferimento costitutivo verso un'altra cosa reale; l'impressione ci fa sentire la cosa come altra, come differente da noi. Orbene, nell'impressione l'animale sente uno stimolo che è solo stimolo e determina una risposta. Invece, l'uomo, per il fatto di possedere intelligenza, nell'impressione "sente realtà". Nell'uomo l'impressione è impressione di realtà.

L'intelligenza. L'attività dei sensi, quando è veramente umana, non è soltanto attività dei sensi, bensì attività dell'intelligenza senziente o del sentire intelligente. La cosa propria dell'uomo è l'apprensione di realtà nell'impressione di realtà; l'uomo apprende realtà nell'impressione. In questo caso l'apprensione consiste in un unico atto con due momenti: il momento dei sensi e il momento dell'intelligenza. Sono due momenti radicalmente diversi ma inseparabili nell'atto unitario dell'intelligenza senziente. Nell'uomo l'attività dell'impressione non fa riferimento a uno stimolo, bensì ad una cosa reale. Nell'animale l'alterità dello stimolo nell'impressione è solo stimolante e determina una risposta. Nell'uomo, invece, l'alterità nell'impressione è l'alterità della realtà, che fa riferimento ad una realtà stimolante, che non determina pienamente alla risposta. La cosa reale nel presentarsi nell'impressione mantiene una sufficiente autonomia, è "di suo" (o "da sé"). Proprio per questo, l'apprensione di realtà mette l'uomo davanti alla necessità di farsi carico della realtà e discernere la risposta adeguata all'apprensione di realtà. Nell'uomo l'impressione non determina totalmente la risposta per il fatto d'essere impressione di realtà; l'uomo deve pertanto discernere quale sia la risposta adeguata.

L'attività dei sensi e dell'intelligenza sono certamente diverse, ma costituiscono un'unità e si uniscono in un unico atto: L'apprensione di realtà nell'impressione. Questa unità è strutturale. L'intelligenza umana "sente realtà". L'uomo può avere attività della sensibilità senza attività dell'intelligenza, ma non può avere attività dell'intelligenza senza attività della sensibilità. "Sentire è la forma primaria e radicale dell'attività dell'intelligenza" (UD 24).

Zubiri nota che realtà non è indipendenza obiettiva, né qualcosa che sta oltre a quello sentito. Realtà è il "di suo", è l'autonomia della cosa reale che si presenta nell'impressione di realtà. Dice anche che l'atto primor-

La realtà dell'uomo

diale dell'intelligenza non è rappresentare, bensì avere semplicemente presenti la cosa reale nell'apprensione come realtà che mantiene una sufficiente autonomia, che è "di suo". L'atto primordiale dell'intelligenza è la mera attualità della cosa reale nell'impressione (39).

In conclusione, la realtà dell'uomo ha tre tipi di elementi. L'uomo vive, ha attività dei sensi, ha intelligenza. L'insieme di questi elementi costituisce la sostantività umana (UD 20-28).

2. *La realtà umana, un sistema sostantivo con due sottosistemi: corpo e psiche*

Il sistema sostantivo umano contiene due sotto-sistemi o quasi-sistemi: Il corpo e la psiche. Sono sotto-sistemi di elementi che costituiscono l'unico sistema con sufficienza costituzionale: La sostantività umana. Zubiri afferma che il corpo non è semplicemente materia, perché è qualcosa di più concreto. Non si tratta, infatti, della dualità materia e spirito. Il corpo è materia corporale e non materia opposta a spirito; il corpo è qualcosa di più concreto della materia. La concezione zubiriana del corpo non può ridursi, dunque, allo schema dell'opposizione tra materia e spirito. Giustifica inoltre il termine psiche e dice che la psiche è un sotto-sistema parziale nella sostantività umana e non un'entità sostanziale che risieda nel corpo. Secondo il pensiero classico, per anima si intende una entità sostanziale o sostanza spirituale. Zubiri vuole evitare questo modo di capire l'anima. Per ciò usa in questo contesto il termine psiche.

Il corpo o soma. Il corpo è costituito come un sotto-sistema di elementi che ha tre momenti. Il corpo è *organismo*, cioè un insieme di organi. Gli organi hanno un posto ed una funzione propria nell'organismo. Gli organi, però, non stanno solo giustapposti nell'organismo. Tra essi c'è una *solidarietà*; quello che succede ad un organo colpisce tutto l'organismo. I diversi elementi del corpo sono mutuamente dipendenti; per questa mutua dipendenza l'organismo ha il carattere di un'unità d'insieme, di una *figura* concreta. Il corpo, però, ha un momento più radicale. Con i suoi elementi organizzati e solidali il corpo è espressione dell'attualità dell'uomo nel mondo. La funzione radicale del corpo consiste proprio nell'essere il *principio d'attualità*. L'uomo si presenta nel mondo per il suo corpo; diventa presente nel mondo nella figura del suo corpo. Il corpo, pertanto, implica tre momenti: È organismo, è figura d'insieme e, soprattutto è principio d'attualità (UD 28s).

La psiche. La concezione zubiriana della psiche differisce radicalmente dalla concezione classica dell'anima come un'entità sostanziale. La psiche non è sostanziale né in senso volgare né in senso classico. Non è una sostanza spirituale. La psiche è un sotto-sistema nel sistema intero e completo della sostantività umana. La sostantività dell'uomo è l'unica che possiede sufficienza costituzionale ed è composta di due sotto-sistemi: corpo e psiche. Per questa ragione bisogna dire che l'uomo non ha psiche e corpo, ma è psico-somatico, psico-organico, psico-corporeo. La psiche non ha sostanzialità perché è sempre la psiche di un organismo, e l'organismo è sempre organismo della psiche, è organismo psichico. Corpo e psiche, dunque, costituiscono la sostantività umana, l'unica che possiede unità strutturale e sufficienza costituzionale. L'uomo è, pertanto, una sostantività psico-organica. Gli elementi e caratteri del corpo o organismo, sono caratteri dell'unità sostantiva, costituita per il sistema psico-organico completo. A sua volta, gli elementi e caratteri della psiche sono elementi dell'unità psico-organica intera: La sostantività umana. La psiche è da se stessa organica ed il corpo è da sé stesso psichico. Corpo e psiche costituiscono l'unica unità strutturale: La *sostantività umana* (UD 29s).

Il corpo e la psiche, nell'unità strutturale della sostantività, si determinano mutuamente, ma non secondo lo schema ilemorfico. La mutua determinazione tra il corpo e la psiche si manifesta in fenomeni tali come "l'espressione" e la "fisionomia"; sono fenomeni allo stesso tempo inseparabilmente somatici e psichici. La mutua determinazione si manifesta soprattutto nella concezione zubiriana dell'intelligenza senziente. Né l'intelligenza né la sensibilità umana eseguono atti indipendenti. L'atto umano dell'apprensione di realtà ha due momenti: sentire ed intelligere. Sensibilità ed intelligenza corrispondono ai due momenti dell'atto unitario dell'intelligenza senziente, o del "sentire intelligente". Il momento d'attività della sensibilità umana ed il momento d'attività dell'intelligenza sono inseparabili, e costituiscono l'atto unitario dell'intelligenza senziente (30-32).

3. Definizione della realtà umana

Come possiamo definire la sostantività umana composta di corpo e psiche? Zubiri parte dal fatto che l'uomo è una realtà vivente che vive e sente come gli animali. Gli animali apprendono stimoli e vivono in un ambito costituito per gli stimoli. Ogni atto d'apprensione di uno stimolo ha tre momenti: accoglienza dello stimolo, modificazione del tono vitale, risposta. La modificazione scatena nell'animale una tendenza che costituisce la risposta allo stimolo. Nell'uomo, però, l'apprensione non è soltanto di uno stimolo, ma di realtà. Questa si presenta nell'apprensione, ma, per il fatto d'essere realtà, rimane con un'autonomia sufficiente; la realtà è "di suo". L'apprensione di realtà accade nell'atto dell'intelligenza senziente, costituito dall'unità di sensibilità ed intelligenza. La realtà nell'apprensione produce una modificazione del tono vitale che è psichica e, allo stesso tempo, somatica; non è solo una modificazione tonica dell'organismo ma è anche un sentimento di realtà. La modificazione prodotta nell'apprensione di realtà suscita una risposta che nell'uomo è certamente tendenza ed impulso, ma anche atto della volontà. Non è solo tendenza; è anche la volontà di volere un modo di stare nella realtà.

Orbene, il livello organico ed il livello psichico non sono giustapposti, giacché formano un'unità. In effetti, l'intelligenza è costitutivamente senziente, il sentimento implica costitutivamente una modificazione del tono vitale, la volontà è costitutivamente tendente. Pertanto, gli elementi umani (intelligenza, sentimento, volontà) sono anche costitutivamente elementi animali (intelligenza *senziente*, sentimento *affettante*, volontà *tendente*). L'uomo, però, è un animale che non si muove esclusivamente in un mondo di stimoli, ma sta nella realtà ed affronta la realtà. L'essenza del sistema sostantivo dell'uomo è essere un *animale di realtà* (UD 32-34).

4. La forma propria della realtà umana. Realtà personale

Zubiri distingue tra la struttura e la forma di realtà della cosa reale. La struttura costituisce una sostantività più o meno complessa. La forma di realtà, invece, si riferisce all'insieme della sostantività.

Il sistema che costituisce la realtà può avere forme diverse. In un primo approccio, dobbiamo distinguere tre forme diverse di realtà: la molecola e la struttura molecolare (la realtà non organica), la cellula e l'organismo vivo, la sostantività umana.

Secondo Zubiri, l'insieme della realtà non organica, il cosmo, è probabilmente costituito da una sola sostantività. La realtà viva, invece, ha una sostantività propria; possiede i suoi elementi come propri ed ha anche un'indipendenza e controllo sull'ambiente nel quale vive. Nella realtà viva c'è un primo livello d'auto-possesso.

La cosa reale si caratterizza perché gli elementi che la costituiscono le appartengono, sono suoi. Gli elementi costituiscono "di suo" la cosa reale. Anche nell'uomo succede che gli elementi della sua sostantività gli appartengono "di suo". La realtà dell'uomo, però, si caratterizza perché non solo gli elementi sono "suoi", ma perché *la stessa realtà umana appartiene all'uomo*. L'uomo non possiede solo elementi che sono suoi. L'uomo è "suo", cioè, la "sua realtà" è "sua", gli appartiene. Si auto-possiede come realtà in un'auto-possesso aperto alla realizzazione, che avviene in un processo di appropriazione, indirizzato verso le "altre cose reali"; queste appaiono come possibilità di realizzazione o offrono queste possibilità.

L'auto-possesso che implica l'appropriazione delle note, della propria realtà e delle possibilità, è l'auto-possesso proprio della realtà umana. È proprio per questo che una realtà è realtà personale. Il particolare momento d'auto-possesso, proprio della realtà umana, per il quale l'uomo possiede la propria realtà, costituisce la forma di realtà propria dell'uomo: Essere *persona*, essere *realtà personale*.

Zubiri chiama *suità* (suidad) il momento umano d'auto-possesso, perché significa che l'uomo possiede la sua realtà, cioè, che la sua realtà è *sua*. L'auto-possesso umano (suità) è la ragione formale della persona; l'uomo è persona perché ha il momento radicale d'auto-possesso (di suità), cioè, il momento di possesso della propria realtà.

Zubiri distingue due aspetti nella realtà personale. Secondo lui la *personeità* (personeidad) è il carattere personale proprio dell'uomo (l'essere persona); questo rimane sempre lo stesso nel percorso della vita. La *personalità*, invece, è la figura concreta che acquisisce la persona in ogni momento della vita e che va modellandosi nell'esecuzione degli atti. Il carattere personale della realtà umana ha, dunque, due momenti: Il *momento d'auto-possesso*, che è il più radicale e costituisce la persona, è la personeità e rimane sempre identica a se stessa; e il *momento di concretezza*

della realtà personale nel mondo, che va modellandosi, o configurandosi, nel percorso della vita, nelle azioni che l'uomo esegue; il momento di concretezza è la personalità.

Secondo Zubiri, essere persona non consiste da ultimo nell'essere una realtà intelligente e libera, o nell'essere soggetto degli atti, e neanche nel possedere sussistenza; la cosa più radicale della realtà personale consiste nel fatto che questa realtà è "sua", perché la persona si auto-possiede. Pertanto, la realtà sussistente è persona nella misura che è *sua*, e sarà soggetto dei suoi atti quando la sua struttura sarà una struttura *soggettuale*.

Il momento di auto-possesso, dunque, costituisce formalmente la persona; la personalità è la figura concreta che la persona acquisisce nelle sue azioni. Zubiri avverte che non si tratta di psicologia ma di metafisica. Si è persona per il fatto d'essere realtà umana. La persona si va modellando secondo la figura che acquisisce nei momenti della sua vita. La persona possiede un'identità che è sempre la stessa. La personalità, invece, si va configurando nel processo della realizzazione della realtà umana fino alla sua morte. La persona è il momento di auto-possesso, e possiede un'identità che è sempre la stessa. La personalità è il momento di concretezza della persona durante la vita, e si va configurando nelle azioni che l'uomo compie. "L'uomo è sempre lo stesso in identità ma giammai lo stesso in concretezza" (UD 37).[1] Questa concretezza è l'*attualità* della realtà dell'uomo che è sempre in un constante processo di configurazione. L'uomo è *animale di realtà* per la struttura della sua sostantività. Per la sua forma di realtà, è *animale personale* (UD 34-38; HD 46-51).

5. Il modo d'inserzione dell'uomo nella realtà

Il vivente vive in un ambiente sul quale possiede indipendenza e controllo. Questa indipendenza è il modo d'inserzione nella realtà. Il modo d'inserzione sarebbe il "come" o la "condizione" d'inserimento nel mondo del vivente. Il vivente fa parte della realtà.

---

[1] "El hombre es siempre el mismo pero nunca es lo mismo" (HD 51). La concezione della concretezza della realtà umana sarà sviluppata in seguito.

Nel caso dell'uomo c'è di più che indipendenza. L'uomo è inserito nella realtà in modo proprio. Per il fatto d'essere persona, si auto-possiede di un modo particolare, ha una realtà propria che è "sua". Per questo l'uomo è inserito nella realtà in tale modo che è "sciolto" dalle altre cose reali ed è situato di fronte ad esse, di fronte a tutta la "realtà reale o possibile, che include anche, se la ammettiamo, la realtà di Dio". La realtà umana non fa semplicemente parte della realtà. L'uomo, infatti, ha un modo di realtà per il quale è "sciolto" dalle cose reali: è *absoluto*. Si tratta, però, di un essere "assoluto" che è "relativo". In effetti, il modo d'inserzione dell'uomo nella realtà è assoluto perché la realtà umana è "sua". Ma è un *assoluto relativo*, perché il carattere assoluto dell'uomo è stato acquisito durante la vita. In ognuna delle sue azioni egli definisce in una maniera precisa e concreta il modo *relativamente assoluto* della "sua" realtà. Ognuna delle azioni umane ha un profondo significato: in esse si mette in gioco la concretezza del carattere relativamente assoluto della realtà umana, il modo come l'uomo è concretamente un "assoluto relativo" (UD 38s).

B. L'attualità nel mondo della realtà umana

1. *L'essere dell'uomo. La sua attualità*

Secondo Zubiri, la realtà non è l'essere né l'essere è la realtà. C'è un'*ulteriorità* dell'essere rispetto alla realtà, giacché l'essere è l'*attualità* della realtà sostantiva, il suo "stare" nel mondo. La realtà sostantiva, infatti, nel presentarsi nel mondo "produce" la sua attualità, il suo essere. Nel caso dell'uomo, l'attualità o essere ha una *figura*. L'uomo, realtà personale, acquista, infatti, una figura nelle sue azioni, che diventa la figura della sua realtà sostantiva.

Zubiri chiama *Io* l'essere della realtà personale, la sua attualità nel mondo. L'Io, dunque, è l'essere della realtà personale e acquista una figura concreta nelle azioni dell'uomo. Secondo Zubiri l'attualità della realtà ha la sua verità, è la *verità reale* della realtà (UD 39-42; HD 52-56).[2]

---

[2] Per Zubiri il "presentarsi nel mondo" è lo "*stare* nel mondo", cioè, l'*attualità* (ISit 215). In *El problema teologal del hombre. Cristianismo* (= C) 269, dice che la realtà ha la sua verità reale nella sua attualità, l'attualità è la *verità reale* della realtà.

2. Realtà e attualità dell'uomo

Partendo dalla sua realtà sostantiva, l'uomo si fa attuale nel mondo nella sua attualità e configura il suo Io nelle azioni. L'attualità, che "procede" dalla realtà, si riversa, a sua volta, verso la realtà sostantiva personale "per intimità", cioè, avviene come un "ritorno" dell'attualità alla realtà, nell'ambito dell'intimità e nella permanenza dell'identità.[3] Ci sono come due momenti nella realizzazione della realtà personale: il farsi attuale della realtà nell'Io, e il "ritorno" dell'attualità alla realtà sostantiva, che è il "punto di partenza" radicale. C'è un riferimento costitutivo vicendevole tra realtà e attualità, e, nel caso dell'uomo, tra la realtà personale, con il suo momento radicale d'*autopossesso*, e la sua attualità, che si concreta nell'Io (UD 42).

3. L'Io dell'uomo. La sua costituzione

L'Io della realtà personale è il risultato di un processo complesso. In esso si struttura la forma personale di vivere gli atti che l'uomo esegue o subisce. Zubiri distingue tre momenti nel processo di costituzione dell'Io personale. L'uomo può eseguire semplicemente un atto in modo simile a un animale; per esempio: "Mangio una mela". Per l'apprensione di realtà, l'uomo apprende le cose come reali e lui stesso si trova di fronte alla realtà. Emerge allora l'essere personale, in un primo momento in una forma semplice, che si può esprimere cosi: "*Mi* mangio una mela". Appare un primo indizio d'appropriazione dell'azione e della realtà. Zubiri dice che in questo caso la forma riflessiva è piuttosto una forma *mediale*,[4] che esprime un momento iniziale dell'emergere della consistenza della realtà personale; è un momento d'attualizzazione, sebbene debole, della realtà personale. Un momento più forte è quello nel quale la realtà sostantiva opera in forma attiva; è un momento d'*appropriazione*,[5] per esempio: "Mangio la *mia* mela". La realtà personale appare con più forza; è più

---

[3] Zubiri dice che l'intimità è la riattualizzazione della realtà personale come possesso e autopossesso (SH 134); la *personalità* è la figura dell'*intimità*, che si va costituendo nel percorso temporale della vita (136).

[4] Zubiri usa il termine per indicare un momento intermedio, che ha espressione nella forma riflessiva del verbo.

[5] L'uomo si realizza nell'appropriazione delle possibilità offerte dalla realtà.

esplicito il modo *relativamente assoluto* d'inserimento dell'uomo nel mondo. La forma più esplicita, però, è quella che si esprime cosi: "*Io mangio la mela*". Questa espressione indica che è avvenuta la costituzione dell'Io come essere, o attualità, della realtà personale: l'*appropriazione* piena della cosa avviene dal momento d'*autopossesso* personale, come punto di partenza radicale.[6] Per un complesso processo, si è arrivati alla costituzione dell'Io. L'Io è la concretezza dell'attualità, fa attuale la realtà personale ed è l'espressione più esplicita del momento d'autopossesso, che è il momento formalmente costitutivo della persona.

Dal semplice compimento degli atti, sorge una forma *mediale* di vivere gli stessi. L'atto acquisisce un carattere più esplicito, quando consiste nell'*appropriazione*. Sopra questi modi di vivere l'atto, si fonda e sorge la forma "più solenne e radicale": l'Io personale.

Da questo punto, la vita personale consiste in un processo di configurazione e sviluppo dell'Io personale, che va dal modo di vivere le azioni più semplici, fino alle più complesse, eseguite o subite dall'Io.

La configurazione dell'Io avviene per mezzo degli atti che l'uomo compie. Alcuni sono liberi, altri imposti, altri ancora determinati dal contesto della vita. Attraverso questi atti si conforma e si configura l'Io dell'uomo. L'Io non è soggetto di attribuzione, né di inerenza. È una configurazione intrinseca, acquistata nel corso della vita nei momenti d'appropriazione e d'autopossesso.

L'attualità della realtà è lo "stare" della realtà nel mondo. Questa attualità è precisamente la *verità reale* della realtà.[7] Secondo Zubiri, l'Io, l'attualità della realtà personale, "è la verità reale di ciò che sono io stesso, come realtà sostantiva, nel momento in cui compio il mio Io".[8] Ciò che Zubiri denomina l'Io è precisamente la verità reale della realtà sostantiva con la quale l'uomo compie il suo Io nel percorso della sua vita (UD 42-44; HD 56-59).

---

[6] L'Io come attualità del momento primordiale d'autopossesso, avrà successivamente con sé anche un momento d'*autoaffermazione*.

[7] Ricordare quanto visto nel primo capitolo sulla verità reale.

[8] "Lo que yo llamo Yo es la verdad real de lo que soy yo mismo como realidad sustantiva en el momento en que voy ejecutando mi Yo sustantivo" (C 269). Zubiri applica il concetto a Cristo e afferma: "L'Io di Cristo è proprio la sua verità reale, che lo realizza come Figlio di Dio... L'Io di Cristo consiste nell'essere la verità reale di quello che Lui è come figlio di Maria e di quello che Lui è come Figlio di Dio... L'Io di Cristo è la verità reale della sua realtà sostantiva" (C 269).

4. L'uomo, realtà specifica

Secondo Zubiri, il processo di realizzazione della realtà personale avviene all'interno di un carattere particolare della realtà umana. La realtà umana è una realtà *specifica*, cioè, l'uomo è un individuo di una specie. Questo fatto ha *tre dimensioni*.

Per il fatto d'essere un individuo di una specie, l'uomo è una realtà individuale; è un individuo diverso dagli altri. Il termine diverso ha un significato particolare. L'uomo, infatti, è *differente* da un animale; è, invece, *diverso* dagli altri uomini.[9] L'uomo, dunque, come realtà specifica, è un individuo diverso dagli altri membri della specie. Ha un'identità unica. Ha una dimensione *individuale*.

L'uomo, però, dalla sua dimensione individuale, ha un riferimento costitutivo verso gli altri individui della specie, ha un orientamento costitutivo verso una vita insieme con gli altri della specie, verso la convivenza. La convivenza con gli altri avrà una forma concreta tra due estremi: la convivenza nella società e la comunione personale. L'uomo ha una dimensione *sociale*.

L'uomo si realizza nel tempo e in un determinato periodo della storia. L'uomo si realizza storicamente. Per Zubiri la dimensione *storica* dell'uomo, consiste nel fatto che l'uomo si realizza per la trasmissione di *forme di stare nella realtà*. L'uomo riceve forme di stare nella realtà. Gli sono trasmesse dai genitori, educatori, insomma, dall'intero contesto sociale nel quale viene alla vita. L'uomo può appropriarsi delle forme di stare nella realtà che riceve, o le può rifiutare. Potrà anche trasformarle, ma l'uomo si realizza necessariamente a partire dalle forme di stare nella realtà che gli sono trasmesse e che riceve dal contesto sociale e che sono anche determinate dal periodo della storia nel quale vive. In questo punto è decisiva la concezione zubiriana della storia dell'uomo come trasmissione (tradizione) di forme di stare nella realtà, allo scopo del suo realizzarsi.

L'uomo, dunque, come realtà specifica, ha tre dimensioni: è realtà individuale, sociale e storica (UD 45-57; HD 59-74).

---

[9] Secondo Zubiri, i membri della specie umana non sono semplicemente "differenti", gli altri uomini sono "diversi"; "sono differenti ma all'interno... della stessa specie" (UD 48).

C. La realizzazione della realtà umana

1. *La realizzazione dell'uomo*

La realtà umana si realizza negli atti che l'uomo esegue nella sua *vita*. La realtà sostantiva dell'uomo si attualizza nel suo essere, nell'Io, in quanto attualità e personalità. Partendo dalla realtà sostantiva, l'uomo, nell'attualità, sta nel mondo mediante gli atti che compie. Proprio in queste azioni, compiute durante la vita, l'uomo *fa se stesso*, cioè prende possesso della sua realtà come tale. La vita dell'uomo, infatti, consiste nell'edificazione dell'Io, vale a dire, nella costruzione della *configurazione* del suo Io; il punto di partenza è sempre il momento dell'autopossesso personale, momento radicale e costitutivo della persona.[10]

L'uomo "fa se stesso" nelle azioni che compie. In esse è agente, attore, autore; agente in quanto ha capacità di compiere la azioni; attore in quanto impersona un ruolo; autore in quanto è chiamato a fare una scelta tra le diverse possibilità offerte dalla realtà nella quale è inserito.[11]

Zubiri chiama *realizzazione biografica* la realizzazione dell'uomo che accade nel percorso della vita come configurazione dell'Io personale. Questa configurazione avviene nelle azioni che l'uomo esegue o subisce per "fare se stesso" (UD 58).

2. *La biografia dell'uomo*

Come realizza l'uomo la sua biografia?

L'uomo realizza la sua biografia nei suoi atti. L'uomo, però, non è in un primo momento il soggetto che esegue gli atti della sua vita, perché negli atti che esegue va costruendo la sua "personalità" e realizza cosi la sua biografia; nelle azioni l'uomo va configurando il suo Io, vale a dire, la fi-

---

[10] "L'uomo è una realtà personale, la cui vita consiste nell'autopossedersi nella realizzazione della sua personalità, nella configurazione del suo Io come attualità mondana della propria realtà relativamente assoluta" (UD 91). "La vita intera è la configurazione progressiva del mio Io" (108). Secondo Zubiri il sistema sostantivo umano ha un momento di *organizzazione* e un momento di *solidarietà*, e afferma: "La solidaridad es un momento formal del sistema sustantivo... A este momento he solido llamarlo también *configuración*" (SH 61).

[11] Si deve ricordare che l'uomo è un'essenza aperta; è aperta, infatti, alle sue proprietà, che non sono solo sue, ma deve appropriarsene, ed è anche aperta alle cose reali e alle possibilità che la realtà offre (cfr HD 76-78).

gura della sua attualità nel mondo. L'uomo, quando legge un testo, non è un soggetto che legge, cioè, un soggetto che esegue l'azione di leggere, ma egli, quando legge, si costituisce come lettore. Nell'azione di leggere l'uomo acquista la *figura di lettore* come momento della configurazione del suo Io. Avviene cosi un momento nello sviluppo della sua biografia (C 303). Una volta costituito l'Io personale, la vita dell'uomo consiste nel processo di configurazione del suo Io. In ogni azione e in ogni momento della vita l'Io acquista una figura che lascia inevitabilmente il suo segno nella realtà personale. La vita dell'uomo, consiste in un processo biografico nel quale si va configurando l'Io personale fino al momento della morte (UD 59-63).

Secondo Zubiri, la morte non è il momento della separazione del corpo e dell'anima e l'inizio della decomposizione di un organismo. La morte è il momento nel quale la configurazione dell'Io raggiunge la sua *figura definitiva e definitoria* (SH 668-671).[12]

La vita dell'uomo come configurazione dell'Io personale ha un fondamento: La realtà.

3. La realtà, fondamento dell'uomo

L'uomo, nelle sue azioni, acquista il carattere relativamente assoluto proprio della persona umana. Il carattere relativamente assoluto consiste nel fatto che l'uomo, proprio perché è persona, è situato "di fronte" a tutte le cose reali e allo stesso tempo è "sciolto" da esse (UD 61; HD 79).

Nelle sue azioni, l'uomo è situato tra le cose e con esse. Ebbene, l'uomo, per il fatto d'essere situato tra le cose, è situato *nella realtà* e di fronte ad essa. Zubiri chiama *re-legazione* (religación) la condizione costitutiva della realtà personale per la quale l'uomo è situato nella realtà e di fronte ad essa. Pertanto, in ogni azione, eseguita tra le cose e nella realtà, l'uomo acquista una figura dell'Io e una posizione. La realtà è il fondamento di questo processo. L'uomo si fonda nella realtà, alla quale è costitutivamente *re-legato*. La realtà è il *fondamento* della realtà personale e della sua realizzazione. In qualunque dei suoi atti l'uomo è si-

---

[12] Zubiri non concepisce l'anima come sostanza separabile dal corpo. Si vedrà più avanti la sua concezione della questione.

tuato tra le cose, con le quali esegue la sua vita. Stando situato, però, nelle cose e con le cose, l'uomo si trova per forza situato nella realtà (UD 62s; HD 80s).

La realtà, nella quale l'uomo è situato forzosamente, dalla quale non può "scappare", ha un carattere ultimo. Le cose possono cambiare, ma in ogni caso l'ultima cosa che si può sempre dire è che sono reali; stando tra le cose, l'uomo sta nella realtà, indipendentemente da quello che siano le cose. Si tratta dell'*ultimità* della realtà come fondamento. La realtà è anche la radice e l'ambito da dove nascono le possibilità che sono offerte all'uomo per vivere. La realtà è, dunque, *possibilitante*. Inoltre, è *impellente* e muove necessariamente l'uomo a fare la sua vita, ad appropriarsi delle possibilità che li vengono offerte al fine della sua realizzazione, cioè, della sua spinta verso la costruzione della sua figura nel mondo e della configurazione del suo Io.[13] In tutto questo si manifesta la *fondamentalità* della realtà. La realtà, per il fatto d'essere per l'uomo *ultima, possibilitante* ed *impellente*, si manifesta come fondamento della realtà personale dell'uomo (UD 63-65; HD 81-84).

4. *La struttura della fondamentalità*

La fondamentalità non agisce come causa, né come funzionalità, vale a dire, come una successione rigorosamente determinata. La fondamentalità della realtà si manifesta nel fatto che determina la realtà personale e la situa inevitabilmente "di fronte" alla realtà in quanto tale. Questa determinazione agisce come un *potere*, cioè, come qualcosa che ha dominio sull'uomo. Secondo Zubiri, in questo fatto si manifesta il *potere della realtà*. Egli afferma che la realtà ha un potere sull'uomo, per quanto l'uomo deve stare "di fronte" alle cose reali nella realtà.[14] Per questo la realtà è fondamento dell'uomo in quanto agisce come un potere su di lui (UD 65-69; HD 84-88).

---

[13] Zubiri afferma: "Ultima e possibilitante, la realtà possiede a sua volta ancora un carattere ulteriore: la realtà è un appoggio *impellente* per l'uomo; agendo, esso non solo può eseguire un'azione, ma deve necessariamente compierla. È indispensabile che l'uomo lo faccia. Egli deve realizzarsi per imposizione o esigenza della realtà stessa" (UD 64).

[14] Ricordiamo che la cosa reale è trascendentalmente aperta al mondo.

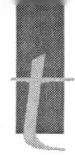

La realtà dell'uomo

5. L'evento della fondamentalità

La realtà costituisce il fondamento della realtà personale dell'uomo e rappresenta la profondità più radicale nella quale l'uomo è inserito. Nell'essere fondamento, la realtà si manifesta come un potere che domina sull'uomo e lo costringe a realizzarsi. Non impone però il modo di farlo. Le possibilità sorgono dalla realtà. Essa costringe a fare una scelta, ma non impone quale scelta si deve fare, il dominio della realtà sull'uomo non cancella la sua libertà.

L'uomo è forzosamente legato alla realtà e al suo potere. Zubiri chiama *relegazione* questo particolare essere legato alla realtà, e nota che potere della realtà e relegazione si corrispondono. Nella relegazione, infatti, l'uomo è costitutivamente relegato alla realtà e al suo potere. La realtà, a sua volta, con il suo potere costringe l'uomo a realizzarsi nella scelta concreta di una possibilità. Non impone la scelta ma spinge a farla. L'uomo è chiamato a fare una scelta perché è legato alla realtà. Non farla è già una scelta.

La relegazione non è un obbligo perché è "anteriore" ad ogni obbligo, e non è un sentimento di dipendenza incondizionata, perché costituisce un presupposto di questo sentimento (UD 71s; HD 93).

Secondo Zubiri, la relegazione al potere della realtà è un fatto constatabile, totale e radicale, che dà appoggio all'uomo nel compito della sua realizzazione. La re-legazione "è la radice stessa della mia realtà personale". Potere della realtà e re-legazione formano l'unità di un fatto radicale nel processo della realizzazione dell'uomo; questo fatto è vissuto, infatti, come l'evento radicale che poggia e fonda la realizzazione personale. L'evento della re-legazione alla realtà ha tre caratteri: è *esperienza*, *manifestazione* ed *enigma*.

Nella relegazione, l'uomo fa l'*esperienza* della realtà e del suo potere. Non si tratta d'esperienza nel senso di una percezione empirica. Esperienza della realtà significa che l'uomo fa prova e sperimentazione della realtà e del suo potere nel percorso della vita e nella realizzazione personale. Si compie, infatti, un'esperienza della realtà, del suo potere e delle possibilità che offre (UD 73s; HD 95).[15]

---

[15] Questa esperienza avviene ai livelli delle tre dimensioni dell'essere dell'uomo: individuale, sociale, storica.

La relegazione ha anche un carattere di *manifestazione*. La realtà si manifesta all'uomo nella relegazione; si manifestano, infatti, il suo potere e la ricchezza del suo contenuto. La manifestazione accade, proprio, nell'attualizzazione della realtà nel mondo, nella quale si presenta all'intelligenza (UD 74; HD 96).

La manifestazione della realtà e del suo potere avviene nel percorso della realizzazione dell'uomo come persona. Essere persona implica il momento radicale d'*autopossesso* e l'inserimento dell'uomo nella realtà come realtà *relativamente assoluta*.[16] C'è dunque un paradosso nella relegazione alla realtà come cosa ultima. Da una parte, l'uomo è costitutivamente "legato" alla realtà. Dall'altra, è "sciolto" da essa per il modo relativamente assoluto d'inserimento nella realtà. La realtà offre e costringe ad acquistare una forma di realtà ma non obbliga ad adottare una forma concreta, non cancella la libertà. La realtà, nella sua dimensione di manifestazione, indirizza, dunque, verso la realizzazione dell'uomo, del suo modo di essere relativamente assoluto. Secondo Zubiri, "l'essere manifestazione in questo senso mostra che il manifestato, cioè, il potere del reale, possiede un carattere *enigmatico*. L'enigma è anzitutto un modo di significare il reale, ma non dichiarando ciò che è bensì indicandolo soltanto allusivamente, come avviene in un oracolo. Tale modo di manifestare la realtà è chiamato enigma. L'enigma è costituito da una certa ambivalenza di caratteri non facilmente compatibili".[17]

L'evento della relegazione è, dunque, esperienza, manifestazione ed enigma. L'uomo fa esperienza del potere della realtà e la realtà si manifesta come un potere enigmatico (UD 75-77; HD 96-99).

6. *La questione del fondamento*

L'uomo si fonda nel potere della realtà, e questo potere è enigmatico. Proprio per questo, l'uomo porta con sé un'*inquietudine*, che è l'impronta che l'enigma della realtà lascia nella realtà umana. Zubiri nota che non si tratta dell'inquietudine di chi cerca la felicità, né d'angoscia, né di una

---

[16] Vedere quanto detto prima sul modo *relativamente assoluto* d'inserimento dell'uomo nella realtà.
[17] "Così dice Eraclito, che l'oracolo di Delfi non comunica nulla agli uomini se non attraverso segni" (UD 75).

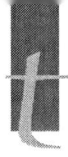

La realtà dell'uomo

preoccupazione. Secondo lui, l'inquietudine che risulta dall'enigma della realtà, è vissuta come l'*occupazione* nel compito di realizzarsi come persona. Ogni azione umana porta con sé una questione e una risposta che hanno un riferimento alla realizzazione della persona. Ogni azione umana, anche la più semplice, apporta una forma di stare nella realtà come momento della configurazione dell'Io personale. In ogni azione, dunque, è in gioco la realizzazione dell'uomo. Da questo fatto emerge l'inquietudine che l'uomo porta con sé. La realtà è il fondamento dell'uomo e si manifesta come enigmatica. Per questa ragione, l'uomo, relegato alla realtà, porta con sé un'inquietudine nell'esecuzione delle azioni nel percorso della vita (UD 77s; HD 99-101).

L'inquietudine che l'uomo porta con sé, ha come una "controparte", per dir cosi: la *voce della coscienza*. La voce della coscienza dice che cosa si deve fare. Non parla, però, soltanto quando si tratta di doveri. Si fa sentire in ogni azione. Emerge dalla profondità della realtà umana, che Zubiri identifica con il carattere relativamente assoluto dell'uomo. Dal profondo dell'uomo si fa sentire questa voce della coscienza.

La voce della coscienza può essere più o meno chiara, più o meno intensa. Il suo contenuto può essere diverso secondo le diverse culture. In ogni caso, però, la voce della coscienza propone una forma di stare nella realtà, che l'uomo deve fare propria. Non è una voce sempre univoca e non ha sempre la stessa intensità. Si lascia sentire, però, come certa e inappellabile.

Zubiri sottolinea che la voce della coscienza è, prima di tutto, *voce*, e non "imperativo categorico" kantiano. Come voce si tratta di un modo d'apprensione di realtà proprio dell'udito che sente il "suono"; è, dunque, un sentire intelligente. Nel caso del suono, o della voce, non c'è una presenza della cosa come nel caso dell'apprensione per la vista. Il reale del suono è *notizia* che fa riferimento alla cosa che produce il suono.[18] La voce della coscienza è *notizia* di una forma di realtà che l'uomo deve scegliere e fare propria; è, dunque, voce della realtà e, allo stesso tempo,

---

[18] Parlando dell'udito come modo di presentazione della realtà, Zubiri afferma: "Certamente il suono è appreso così immediatamente nell'udito come può essere un colore nella vista. Tuttavia, nel suono la cosa sonora non è inclusa nell'udito, ma il suono ci rinvia a essa. Questo 'rinvio' è ciò che secondo il significato etimologico del vocabolo chiamerò *notizia*" (ISit 169).

dà uno slancio verso di essa e spinge verso l'appropriazione di una determinata forma di realtà. La voce della coscienza è la notizia della realtà nell'uomo; è il clamore della realtà che richiama verso il suo pieno compimento (UD 79-81; HD 101-104).

L'inquietudine e la voce della coscienza sono complementari e danno un orientamento ed uno slancio verso una forma di stare nella realtà; non indirizzano, prima di tutto, verso una cosa da fare. L'atto della volontà corrisponde a questo slancio e orientamento (UD 81s; HD 104).

Secondo Zubiri, il termine radicale della volontà non è la realtà come "oggetto", ma la realtà come fondamento. L'atto radicale della volontà è rivolto verso il fondamento, che implica anche la cosa reale come termine di un'azione. L'atto radicale della volontà è rivolto verso la realtà come fondamento e si realizza nell'appropriazione di una forma di realtà. In essa sceglie una forma di stare nella realtà e l'Io personale acquista una determinata figura nel mondo.

L'atto della volontà è radicalmente indirizzato verso la realtà e vuole la realizzazione della realtà personale. Si tratta, dunque, di *volontà di realtà*. La realtà si presenta all'uomo e si fa attuale nella sua attualità nell'intelligenza. Il termine della volontà, dunque, è la realtà attualizzata; in altre parole, il termine della volontà è l'attualità della realtà. Abbiamo visto in precedenza che il presentarsi della realtà nel mondo, l'attualità, ha la sua verità. Zubiri chiama "verità reale" della realtà l'attualità della realtà nel mondo. La volontà di realtà è, pertanto, *volontà di verità*; in altre parole, è volontà di verità reale, è volontà di realtà attualizzata (UD 82s; HD 105s).

7. *La volontà di verità*

Secondo Zubiri, la volontà di verità è più radicale della volontà di vivere e della volontà di autenticità. La volontà di verità, infatti, è volontà di realtà attuale, in altre parole è volontà di verità reale. La verità reale costituisce il termine della volontà di verità.

Ci sono tre momenti nella verità reale. Il primo è, secondo Zubiri, quello che prevale nella cultura occidentale e comprende la verità primordialmente come *ostensione* della realtà. Un secondo momento, proprio della cultura semita, consiste nella comprensione della verità come *stare saldo*, garanzia, fedeltà, sicurezza (l'espressione adeguata è:

La realtà dell'uomo

amen, così sia, così sarà). C'è un terzo momento. La verità reale, termine della volontà di verità, non solo manifesta la realtà e dà sicurezza, ma è anche momento di *effettività*, cioè, è la verità reale di una realtà che *è già* reale e rimane reale. Questo momento è il momento dell'*effettività* della verità.

La verità reale manifesta la realtà, dà sicurezza ed è effettiva. La realtà è fondamento. Nella sua attualità, è verità reale secondo i tre momenti di manifestazione, affidabilità ed effettività. La volontà di verità cerca verità reale nell'attualità della realtà; vuole, dunque, trovare la realtà, fondamento della vita dell'uomo e della sua realtà personale. La volontà di verità vuole ogni volta scoprire nella realtà più manifestazione di realtà, più sicurezza e affidabilità, e più effettività. La ricerca della realtà come fondamento richiede la scelta per una forma di realtà, e la volontà di verità vuole fare l'opzione giusta e adeguata. Appare la tensione tra la scelta che si deve fare e la ricerca radicale della realtà come fondamento; appare, dunque, la tensione tra la forma concreta di realtà che l'uomo acquista e l'enigma dell'insieme della realtà e il suo potere (UD 83-85; HD 106-108).[19]

D. La morte dell'uomo

La vita è una realtà che consiste in un percorso tra la nascita e la morte. La "morte appartiene intrinsecamente alla vita". La vita come percorso ha durata, apertura al futuro e orientamento verso un termine; è situata, infatti, tra termini concreti. La vita non è soltanto una successione di momenti, perché la sua unità proviene dalla sua stessa struttura in quanto realtà nella sua piena unità. Nei momenti del percorso della vita è possibile una conferma, un cambiamento di rotta, un "allargamento", o un *abbandono di quello che si vuole essere*.[20] Per tanto, "la vita è autode-

---

[19] A questo punto si dovrebbe introdurre il discorso sull'enigma della realtà. Ma a me sembra conveniente, per completare la questione della realtà dell'uomo, trattare il tema della morte dell'uomo come è esposta in *Sobre el hombre* (= SH) 657-661.

[20] Zubiri afferma: "La intercurrencia lleva consigo una ratificación, una rectificación, una integración, una ampliación, o un abandono de lo que se quiere ser"; "seguir viviendo tiene un carácter positivo expresado en la intercurrencia: el hombre va pasando de una situación a otra" (661).

finizione della figura che si vuole essere".[21] Questa autodefinizione non è meramente intenzionale perché è autorealizzazione, è autopossesso (SH 660s).[22]

Il percorso della vita ha l'unità di un "cammino" che conduce da un punto di partenza verso "qualcosa". "La vita ha un *cammino* che consiste nel vivere in sequenza. La vita è costitutivamente cammino, e per questo vivere in sequenza è essere costitutivamente *viador*. Summus in via, siamo costitutivamente nel carattere di viador o di cammino".[23] Dove va la vita come "cammino"? Il "dove va" della vita è sempre "l'io stesso"; la vita è per noi autopossesso e autodefinizione. Per l'uomo vivere è più che andare avanti nella vita; quello che fa è raggiungere se stesso. Noi andiamo verso noi stessi quali figura di realtà che si realizza *fisicamente* (SH 662). Secondo Zubiri, "fisico e reale, *in senso stretto*, sono sinonimi. Ma nelle nostre lingue il termine realtà ha degli usi molto diversi, cosa che non aiuta proprio a chiarire le idee. Salta agli occhi che i numeri, le figure, etc., non sono realtà come un pezzo di ferro, un melo, un cane, un uomo. Per questa ragione, per sottolineare che si tratta di realtà di questo ultimo tipo uso chiamarle a volte 'realtà fisiche' o cose 'fisicamente reali'. È un puro pleonasmo ma molto utile". L'uomo sarebbe "realtà fisica" in quanto è psico-somatico (SE 16).

Zubiri, afferma che l'uomo non è un soggetto sul quale vanno passando le vicende della vita. L'uomo, come realtà con intelligenza senziente, si autodefinisce nella "realizzazione di un progetto di figura determinata di realtà". "Qui appare chiaramente che l'uomo, come soggetto della sua vita, non è soltanto quello che pensa Aristotele, un *hypokeimenon*, sul quale

---

[21] Sulla concezione di *figura* si veda quanto detto prima. Secondo Zubiri la vita è un *modularsi* della *figura* dell'uomo; a mio parere il modularsi zubiriano della figura umana si deve comprendere come il modo di modularsi delle onde della scienza fisica, le quali rimangono le stesse nella loro costante variazione.

[22] Zubiri afferma: "Questa autodefinizione non è meramente intenzionale. Sarebbe meramente intenzionale se in essa ci fosse soltanto un'idea di se stesso nella forma dell'idea di quello che uno vuole essere. Ma di quello che in realtà si tratta è mettere in motto l'idea di quello che ho voluto essere. L'autodefinizione è autorealizzazione, é autopossesso" (SH 661).

[23] "Viador" è un termine spagnolo che secondo il dizionario significa "uomo o creatura razionale che è in questa vita e aspira e cammina verso l'eternità" (J. Casares, *Diccionario ideológico de la lengua española*).

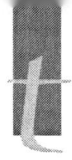

La realtà dell'uomo

si succedono come accidenti le vicende della vita, ma l'uomo, in ragione del fatto d'essere una realtà intellettiva, nel più piccolo atto vitale nel quale mette in gioco la sua intelligenza, è costitutivamente *sopra di sé*, cioè, deve "farsi carico della realtà", farsi carico "di quello che le cose sono" (SR 32; cfr SH 662s).

L'autodefinizione raggiunta in un momento della vita è *provvisoria*, perché è aperta verso altre realizzazioni, mentre la vita va avanti. L'uomo, infatti, può cambiare la propria autodefinizione nel percorso della vita (SH 664).[24]

La vita ha unità, perché chi la vive è un individuo, è uno. La stessa struttura della vita ha unità, in quanto è un percorso tra termini determinati. La vita ha un confine. La sua limitatezza significa che ci sarà un momento ultimo del percorso e, pertanto, la figura acquisita e la definizione raggiunta in questo momento, saranno *definitive*. Questo momento è quello della morte (SH 666).

Come fatto naturale la morte è conclusione del percorso e il suo scioglimento. Appartiene, però, "alla struttura formale del vivente umano". È l'atto che proietta positivamente l'uomo dalla provvisorietà alla condizione definitiva. La struttura concreta della vita come realtà ha, infatti, un termine; questo, però appartiene alla vita non solo in modo negativo ma come momento nel quale l'uomo acquista la definizione definitiva di se stesso. Le cose che l'uomo fa costituiscono l'*argomento* della vita. Nell'*argomento*, però c'è vita perché nella messa in opera dello stesso, l'uomo si realizza e si definisce. Giunti al termine "verso la condizione definitiva", si conclude l'argomento della vita e resta soltanto la realizzazione acquistata nella messa in opera dell'*argomento* (SH 666).

Zubiri ricorda che l'uomo è *personeità* dall'inizio perché ha intelligenza e l'intelligenza è "l'ultima e radicale possibilità dell'essere e dell'operare, indirizzati alla sua realizzazione" (SH 666). L'uomo, per l'intelligenza, appartiene a se stesso; la realtà personale, infatti, non può appartenere a un "tutto".[25] L'intelligenza umana è senziente e per questa ragione l'uomo

---

[24] "L'uomo ha il carattere, non di esistenza senza essenza, come vogliono gli esistenzialisti, ma di essenza aperta, che è una cosa completamente diversa" (SH 665).

[25] Zubiri dice: "L'inizio della *Filosofia* di Hegel parlando di *das Ganze*, del *tutto*, è falso se si tratta delle persone in quanto persone" (SH 667).

si realizza concretamente in figure che lo definiscono e costituiscono la sua *personalità*.[26] Il fatto che nella morte si acquista la figura definitiva, implica una solitudine radicale, nella quale si muore. Non si tratta di isolamento, ma di una concentrazione radicale su se stesso di colui che muore. Rimane la *rispettività* verso gli altri, ma l'orientamento costitutivo della realtà di chi muore, diventa orientamento verso se stesso in modo esclusivo: questo costituisce la solitudine della morte (668).

La morte fisica e reale. L'uomo è un vivente animato, costituito da corpo e psiche; questi sono i due sottosistemi del suo sistema sostantivo. Il corpo si struttura come organismo; "è costituito da sostanze strutturate in certa forma che chiamiamo configurazione", che conferisce al corpo il carattere d'organismo, e "costituisce l'animazione in atto di una psiche che è corporea da se stessa". Corpo e psiche costituiscono una sola sostantività. L'uomo è psiche corporea o corpo psichico (670).

Che cosa è la morte? La morte è la distruzione della configurazione fisica ed essenziale dell'organismo; non si tratta solo una distruzione funzionale. Nel morire, quello che se ne va è il corpo, la vita organica. Nel morire non è la psiche che si congeda dal corpo, ma il corpo si congeda dalla psiche, dallo psichismo, e l'uomo rimane senza vita, perché la vita se n'è andata. "Quando questo accade, la sostantività umana non esiste più" (671).[27]

---

[26] La persona è costituita da *personeità* e *personalità*, e la sua realizzazione è *biografica* (SH 667).

[27] Secondo Zubiri la psiche non è una sostanza separabile dal corpo; corpo e psiche sarebbero inseparabili. Afferma, infatti: "È impossibile parlare di una psiche senza organismo. Osserviamo che, quando il cristianesimo, ad esempio, parla di sopravvivenza e immortalità, chi sopravvive ed è immortale non è l'anima ma è l'uomo, cioè l'intera sostantività umana" (X. Zubiri, *Il problema dell'uomo* 119; cfr SH 671, n.1). "Zubiri pensava che questo, cioè sopravvivenza e immortalità, dovrebbe accadere per un'azione ri-creatrice, risurrezionale" (671 n.1).

CAPITOLO 3

L'ENIGMA DELLA REALTÀ. DUE RISPOSTE POSSIBILI

Introduzione

La realtà è enigmatica per l'uomo e rimane aperta la questione di quale sia il suo fondamento ultimo. Il carattere enigmatico della realtà apre all'uomo il problema di Dio.

Come abbiamo detto nell'*Introduzione generale*, nella trattazione della questione di Dio emerge in modo convincente la giustificazione dell'esistenza di Dio e della fede cristiana, fatta da Javier Monserrat, autore della scuola di Zubiri, nella sua opera *Existencia. Mundanidad. Cristianismo* (= EMC).

Monserrat è d'accordo con Zubiri nella comprensione della realtà e dell'attività razionale. Ha, però, un modo proprio di trattare la questione di Dio. La sua convincente argomentazione ha una notevole particolarità. Affronta in modo deciso la possibilità razionale di comprendere la realtà come un "mondo senza Dio", con tutte le sue conseguenze.

La ragione cerca di conoscere la coerenza della realtà e la costituzione dell'universo. In questo tentativo appare il problema del fondamento ultimo del mondo. La questione sorge inevitabilmente per il carattere enigmatico della realtà, che si manifesta nella tensione tra la stabilità delle strutture del mondo e l'energia, in quanto forza trasformativa, che suscita processi di cambiamento e mutazione, nei complessi stabili d'elementi nel mondo. L'universo è enigmatico e, secondo Zubiri, la soluzione dell'enigma è l'affermazione della realtà di Dio, "realtà assolutamente assoluta" (UD 118). Questa affermazione porta con sé la possibile adesione esistenziale corrispondente.

L'uomo ha, di fatto, uno spontaneo orientamento verso Dio come fondamento della realtà. In tutte le culture, appaiono forme di religiosità, quali elementi decisivi e centrali.

Cristianesimo e realtà

La questione di Dio, in quanto problema razionale, sorge quando la ragione pretende di conoscere la coerenza ultima della realtà. Il mondo deve possedere una coerenza razionale sufficiente, e Monserrat afferma che la scienza attuale rende possibile una spiegazione del mondo senza ricorrere necessariamente all'esistenza di una realtà superiore e trascendente, che regge e sostiene tutto. La ragione non può trascurare la possibilità di comprendere la realtà come mondo senza Dio; non può considerarla una cosa assurda. Inizialmente, dunque, sono possibili due spiegazioni all'enigma della realtà: comprensione della realtà come *mondo senza Dio* e giustificazione della realtà di Dio.

Monserrat afferma che nella spiegazione di un *mondo senza Dio*, l'idea di assoluto rimane esclusivamente riferita al mondo, che sarebbe fondamento di sé stesso. È una spiegazione coerente e ha senso la corrispondente opzione per un'esistenza puramente mondana. Si mantengono valori come l'amicizia, la famiglia, l'attenzione ai deboli ed emarginati, il benessere sociale.

L'uomo deve far un'analisi ed una valutazione delle due possibili spiegazioni, per determinare quale sia la più ragionevole. Nessuna delle due possiede una certezza razionale assoluta. La ragione, però, deve cercare di scoprire quale sia la spiegazione più coerente: l'affermazione razionale di Dio o l'agnosticismo, il quale non nega l'esistenza di Dio come l'ateo, ma la considera un'ipotesi che non è verificabile, dice Tierno Galván (*¿Qué es ser agnóstico?*, Madrid 1985). L'importanza di un'analisi e una valutazione adeguata è decisiva per poter fare una scelta ragionevole e vivere con autenticità. Non sarebbe razionale scegliere a caso. L'uomo vuole trovare una giustificazione sufficiente nelle sue scelte. Tuttavia, nel caso del fondamento ultimo, la scelta si "appoggia" soltanto su argomenti razionali che danno solo una *certezza morale*, cioè una certezza che non è assoluta o metafisica; la certezza morale fa ragionevole la scelta, ma non esclude altre possibilità. Gli argomenti razionali a favore di una scelta in nessun modo possono escludere assolutamente e in modo definitivo la possibilità della coerenza della scelta alternativa.

La comprensione della realtà come mondo senza Dio è, in un primo momento, una ipotesi; è, dunque, un "progetto" razionale che procede dall'esperienza come "sistema di riferimento". Non s'impone, però, con certezza assoluta, benché in un determinato momento si possa presentare

L'enigma della realtà. Due risposte possibili

come la spiegazione più ragionevole. Tuttavia, in nessun caso può escludere assolutamente l'esistenza di Dio, come possibile soluzione razionale dell'enigma della realtà.

A. L'uomo e le due risposte possibili

L'enigma della realtà ha, dunque, due risposte possibili. La questione decisiva è stabilire quale sia la risposta più convincente per poter fare la scelta più ragionevole (intendiamo la scelta come scelta e appropriazione di una possibilità che si presenta all'uomo nella realtà). Prima, però, Monserrat fa una breve presentazione delle due risposte e del senso esistenziale corrispondente. Espone in modo succinto la concezione classica di Dio e l'atteggiamento religioso, la concezione agnostica del mondo e l'atteggiamento esistenziale corrispondente.

1. *La risposta "esistenza di Dio"*

La concezione classica dell'esistenza di Dio è tema della teologia naturale, e sorge nell'affrontare l'enigma della realtà, nella quale l'uomo è inserito. Dio, se esiste, è l'origine dell'universo, trascendente a esso, e sorgente inesauribile di realtà. Zubiri dice che la questione di Dio è per l'uomo il problema di "vedere se oltre all'uomo e alle cose esiste la realtà di Dio; si tratta di un problema che l'uomo deve porsi, o meglio, si è già posto per il semplice fatto di essere uomo" (UD 4); dice anche che "ciò che tutti intendiamo per Dio, quando lo cerchiamo, non è un'essenza metafisica, ma qualcosa di più semplice: una realtà ultima, fonte di tutte le possibilità che l'uomo ha, e da cui riceve, supplicandolo, aiuto e forza per esistere" (UD 97). La concezione della divinità significativa per l'uomo, suppone una comprensione di Dio come realtà personale, misteriosa ma aperta al rapporto con l'uomo. L'uomo esperimenta i suoi limiti e la sua indigenza; l'incompletezza dei risultati della sua attività; la fragilità della condizione umana, che lo fa vulnerabile alla sofferenza e lo indirizza verso la morte. Il Dio significativo per l'uomo deve essere onnipotente e giusto, fondamento affidabile della speranza umana di realizzazione piena e salvezza definitiva. L'affermazione dell'esistenza di Dio situa l'uomo in un orizzonte di verità. L'atteggiamento religioso sarebbe l'unico atteggiamento umano autentico e ragionevole.

55

Cristianesimo e realtà

Il pensiero cristiano tradizionale ha avuto la convinzione che si potesse affermare razionalmente l'esistenza di Dio con certezza assoluta, cioè, metafisica. Questo implica l'esclusione di qualsiasi altra risposta all'enigma della realtà come risposta con verità, e ha la conseguenza di situare l'uomo in un *teocentrismo impositivo*. Se si pensa d'essere situato nell'orizzonte di un *teocentrismo impositivo* appare allora la convinzione che la verità di Dio s'imponga necessariamente nell'adeguata attività della ragione: la *realtà contingente* del mondo avrebbe un riferimento costitutivo all'*Essere necessario*. L'affermazione dell'esistenza di Dio sarebbe, dunque, l'unica risposta razionale possibile all'enigma della realtà. L'esistenza umana dovrebbe avere, pertanto, il senso di un'attesa religiosa che spera la salvezza che Dio deve operare nel futuro (EMC 446).

La concezione di un *teocentrismo impositivo*, però, è oggi problematica; è difficilmente ammissibile la pretesa di stabilire razionalmente, con certezza assoluta, la verità dell'esistenza di Dio.

2. *L'uomo e la risposta "mondo senza Dio"*

L'uomo è aperto razionalmente a un *Mondo senza Dio*, come possibilità di coerenza ultima della realtà; si trova dinanzi la possibilità della *pura mondanità* del mondo come sistema chiuso senza riferimento esterno a se stesso e pertanto, senza Dio. Nella possibilità di un mondo senza Dio, la realtà acquista una coerenza sufficiente nella sua costituzione dinamica e strutturale; il suo carattere assoluto non implica l'esistenza di una realtà divina come origine e fondamento necessario. Il mondo, nel suo insieme, è costituito da una realtà consistente, non personale. La persona umana è situata così in un orizzonte di *pura mondanità*.

Monserrat ricorda che si tratta di una delle due possibilità razionali di coerenza ultima. Certamente non viene cancellata l'altra possibilità, o ipotesi, dell'esistenza di Dio. Ma ora interessa sottolineare "la natura impersonale dell'assoluto nel suo insieme", e vedere il senso che l'esistenza dell'uomo può avere in questa comprensione della realtà (EMC 448).

3. *Il senso dell'esistenza nella pura mondanità*

Se l'uomo pensa che un "mondo senza Dio" sia vero, allora acquista "una posizione assoluta nel cosmo, in una radicale esperienza di autonomia". Il

L'enigma della realtà. Due risposte possibili

senso esistenziale dell'uomo diventa orientamento verso il mondo, in un'attività che pretende la sua realizzazione personale ed il massimo dominio sull'energia. "Nell'orizzonte della pura mondanità" e nell'esperienza dell'autonomia intramondana, i valori come "la persona, l'amore umano, la fraternità, la comunità," hanno anche pieno senso nell'ambito dell'esperienza dell'autonomia intramondana. Si tratta, in effetti, di "tutti quegli elementi che riscuotono già il suo senso da un'etica naturale autonoma" (447).

Se il mondo nel suo insieme fosse l'assoluto, chiuso in se stesso, la realtà dell'uomo si dovrebbe comprendere come proveniente dalla stessa costituzione della realtà. Secondo quest'ipotesi, "nella coscienza umana l'Assoluto arriva alla coscienza di se stesso". Che senso avrebbe allora l'esistenza dell'uomo?

Nell'ipotesi di un mondo senza Dio i tratti essenziali del senso dell'esistenza umana sarebbero i seguenti:

Autonomia. Dato il carattere impersonale della realtà nel suo insieme, "l'uomo, nella pura mondanità, ha un'esperienza d'autonomia ed assolutezza in quanto è coscienza personale nel mondo". La coscienza umana non è sottomessa al condizionamento di nessun'altra coscienza. L'esistenza umana è libera da ogni riferimento esterno a lei.

La verità dell'uomo. Nell'ipotesi di un mondo senza Dio, la verità ed autenticità dell'individuo particolare stanno radicalmente vincolate alla verità ed autenticità della collettività umana. Nella verità della collettività umana, si realizza la verità dell'individuo particolare. Quando l'individuo orienta la realizzazione personale, tentando un'adeguata identificazione con la verità della collettività umana, realizza autenticamente la sua verità.

Persona e comunità. L'uomo deve realizzarsi come persona, riuscendo ad ottenere la sua realizzazione esistenziale nelle decisioni personale. Orbene, essere persona non significa rinchiudersi nell'individualismo; al contrario, la realizzazione vera della comunità umana è costitutiva della verità della persona che è integrata in lei.

L'uomo ed il mondo: il lavoro. L'intelligenza umana è aperta ad un ambito mondano. Sorge allora l'esigenza di portare ad una massima pienezza la realtà nella quale l'uomo è integrato. Questa esigenza si realizza attraverso il lavoro, cioè, attraverso la conoscenza del mondo e del dominio dell'energia, "nella scienza e nella tecnica che realizzano il dominio utile delle cose" (448s).

B. La risposta ragionevole "mondo senza dio"

L'uomo si trova davanti a due possibilità di comprensione ultima della realtà: esistenza di Dio e mondo senza Dio. Ognuna delle due determina un significato diverso per l'esistenza umana: atteggiamento religioso o una piena autonomia dell'uomo nel mondo; la corrispondente realizzazione autentica sarà evidentemente diversa. In ultimo termine, tanto il senso dell'esistenza come la sua adeguata realizzazione, dipendono, per essere coerenti, dalla comprensione ultima della realtà. L'intelligenza umana si sente irrimediabilmente aperta a due possibilità di comprensione della realtà, e l'uomo deve fare una scelta per avere una conoscenza sufficiente della realtà nel suo insieme, e comprendere in modo adeguato la sua verità. L'opzione è decisiva. È in gioco il senso dell'esistenza. L'uomo, dunque, deve cercare "di stabilirsi con la maggiore certezza possibile nella sua autenticità esistenziale" (450s).

Il fatto è che nessuna delle due possibilità si impone razionalmente all'intelligenza. Ogni possibilità ha forti argomenti a suo favore, ma in nessun caso rimane assolutamente esclusa l'altra possibilità. La sola analisi a posteriori della realtà non offre una comprensione ultima che dia all'uomo l'adeguata sicurezza esistenziale. L'intelligenza umana rimane aperta alle due possibilità (451).

Perciò l'uomo cerca di trovare la giustificazione più convincente per la sua scelta; pretende di raggiungere la massima sicurezza possibile. Davanti all'apertura alle due possibilità sorge una dialettica razionale che cerca di trovare la scelta più coerente (452).

L'esperienza umana evidenzia che Dio, se esiste, non si è comunicato all'uomo, non si è manifestato in maniera tale che permetta di riconoscerlo come Dio, con una sicurezza naturale, assoluta. Possiamo dire che il fatto stesso dell'apertura alle due possibilità indica che "Dio non si è comunicato, non ha manifestato realmente una presenza effettiva." L'uomo "comprende che Dio, se esiste, non si è manifestato con sicurezza" e non può affermare con certezza razionale che esista effettivamente. "Nella costituzione effettiva del mondo, Dio, se esiste, sta in silenzio, non manifesta la sua presenza" (452s).

Appare, dunque, la questione del *silenzio di Dio* nel mondo e resta ferma la possibilità che la verità definitiva sia la *pura mondanità*. Inoltre,

L'enigma della realtà. Due risposte possibili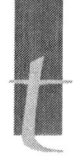

l'uomo percepisce indizi di contraddizione nel concetto di Dio. La dialettica razionale, che cerca la massima sicurezza esistenziale possibile, deve affrontare queste questioni prima di fare la scelta.

1. *Contraddizione interna del concetto di Dio*

L'ammissione dell'esistenza di Dio rimane seriamente compromessa per la contraddizione interna del concetto naturale di Dio. Questa si evidenzia, prima di tutto, nel suo *silenzio* nel mondo. Se Dio deve comunicarsi all'uomo e mostrare la sua giustizia e bontà, ha operato giustamente abbandonando l'uomo nell'esperienza del suo silenzio? Ha operato giustamente se, mantenendosi in silenzio, l'uomo rimane nel mondo lontano e fuori della portata della sua verità autentica che, in definitiva, è Dio? Forse l'uomo si è rivolto a Lui chiedendo aiuto, ha aspettato a lungo una risposta e è arrivato alla conclusione che questa non ci sarà. L'esempio tipico dell'uomo colpito dalla sofferenza e dal silenzio di Dio è la figura biblica di Giobbe (cfr *Gb* 3,3). Ha senso allora, credere che Dio sia davvero reale? Oppure, se fosse reale, ha senso prestare attenzione ad un Dio che non manifesta la sua presenza, rimane nascosto e non manifesta una relazione salvatrice con l'uomo, neanche nel caso dell'estrema *indigenza* umana? (453).

L'esperienza dell'uomo evidenzia, infatti, la sua condizione *indigente*. La realizzazione delle possibilità umane ha un carattere limitato e manifesta sempre una condizione vulnerabile e fragile. L'esperienza dell'uomo è spesso di frustrazione delle possibilità, di oppressione e violenza. Nella storia dell'umanità ci sono momenti in cui il silenzio di Dio arriva fino ad estremi che hanno indirizzato alla drammatica conclusione: "Esiste Auschwitz, pertanto non può esistere Dio".

Sembra che l'esperienza orienti l'uomo verso l'opzione per un mondo senza Dio. Infatti, la condizione indigente dell'uomo, immersa nel silenzio di Dio, ha una forte tensione con l'idea naturale di come dovrebbe essere Dio se fosse reale: onnipotente, giusto e misericordioso; anche l'esperienza del silenzio di Dio è fortemente paradossale per la *volontà di realtà effettiva* dell'uomo, cioè la volontà di una realtà che abbia senso per l'uomo e sia consistente e accessibile.

La stessa apertura alla possibilità di un mondo dove Dio sembra essere di fatto assente, è un altro indizio del carattere contraddittorio del

59

concetto di Dio. In effetti, sembra difficile accettare la sua esistenza, se si deve anche accettare che ha lasciato l'uomo davanti alla possibilità di un *mondo senza Dio*, possibilità che appare accettabile per avere un'adeguata comprensione razionale della realtà (cfr 454).

L'uomo si trova in un mondo che lo indirizza decisamente verso la realizzazione, senza riferimento a Dio. Tale fatto conferma il carattere contraddittorio del concetto di Dio. È difficile ammettere razionalmente che sia davvero reale; lo contraddicono l'esperienza del suo silenzio e l'indigenza dell'uomo, l'esperienza del limite e la frustrazione delle possibilità esistenziali, l'orientamento spontaneo dell'uomo verso la *pura mondanità* (456).

2. *Coerenza e senso di un mondo senza Dio*

Nel tentativo di fare la scelta adeguata, l'esperienza del silenzio di Dio acquista una rilevanza decisiva. La negazione della sua esistenza, o il disinteresse per essa, sembra la scelta giusta e l'uomo giudica ragionevole situarsi nell'orizzonte della sua assoluta autonomia nel mondo.

La possibilità dell'esistenza di Dio, però, non è esclusa razionalmente in modo definitivo; non si può arrivare a questa conclusione con sicurezza assoluta. Tuttavia, nella situazione d'indigenza e di esperienza del silenzio di Dio, l'uomo "può comprendere che opera con coerenza e autenticità situandosi nella dimensione esistenziale della sua pura mondanità", cioè situandosi nel mondo come se Dio non esistesse. In conseguenza, l'uomo può trovare con certezza sufficiente un senso esistenziale valido in un *mondo senza* Dio.

L'opzione, oltre a presentarsi con coerenza razionale, possiede una poderosa forza di attrazione; appare nell'uomo una tendenza interna, cioè come una chiamata, verso la possibilità di fare l'esperienza esistenziale della piena autonomia, nella sua autorealizzazione nel mondo.

Nel giungere a tali conclusioni, si può pensare che nel caso in cui Dio esista e voglia una relazione con l'uomo, spetti a Lui l'iniziativa di manifestare la sua presenza. L'uomo, da parte sua, opera con coerenza situandosi nella dimensione della sua pura mondanità. "L'uomo non può affermare con sicurezza che Dio non esista; ma neanche può contare su elementi sufficienti" per affermare che esista realmente; le "contraddizioni" nel concetto di Dio lo indirizzano verso "un mondo senza Dio" (455).

L'enigma della realtà. Due risposte possibili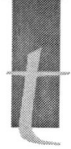

3. La scelta per la "pura mondanità"

L'uomo ha ragioni sufficienti per fare la scelta per un *mondo senza Dio*, situarsi in esso e intraprendere la sua realizzazione personale. Si tratta della scelta per l'agnosticismo, o l'ateismo. Ha la sua coerenza e indubbiamente offre all'uomo delle possibilità di realizzazione. Ha solo una certezza morale, e non esclude come assurda l'esistenza di Dio; tuttavia, si presenta all'uomo come l'opzione più coerente e ragionevole.

La scelta, però, "ha anche un evidente senso positivista". In effetti, la sua giustificazione non è l'affermazione teorica, con pretesa di certezza assoluta, che nega l'esistenza di Dio; il fondamento della scelta è, invece, il fatto che l'uomo può situarsi in una dimensione esistenziale coerente, senza tener presente Dio, e "non trova giustificazione sufficiente per un'affermazione dell'esistenza di Dio che sia significativa per l'uomo". In conseguenza, si sente spinto alla scelta che lo situa nell'autonomia di senso della pura mondanità (456s).

Il senso naturalista e positivista, presente e operante nella società attuale, ha corrispondenza con questa scelta; l'uomo, infatti, "si vede immerso in un mondo di significati e sensi, staccato da riferimenti religiosi". Non si nega Dio assolutamente, ma di fatto, si prescinde da Lui; l'uomo si sente coerentemente inserito in una struttura relazionale, con carattere assoluto, costituita da un insieme di contenuti puramente mondani che lo colpiscono, l'interessano e l'incitano a dare una risposta, senza sentire apparentemente la necessità di un riferimento a Dio (457).

C. Nuovo riferimento a Dio nella "pura mondanità"

L'uomo, collocato in una realtà che comprende come puramente mondana, deve intraprendere la sua vita d'accordo con la scelta fatta. A questo punto, appare una problematica che fa emergere l'interesse per la questione di Dio, e il desiderio che esista veramente.

1. La realizzazione dell'uomo in un mondo senza Dio

La realtà, intesa come mondo senza Dio, offre all'uomo delle possibilità di realizzazione personale e comunitaria. Scopi raggiungibili e carichi di senso si presentano a lui: affrontare le sfide della fame e della povertà nel mondo, i problemi che riguardano la salute, la possibilità di superare le condizioni di vita dei paesi in via di sviluppo, migliorare i rapporti di convivenza tra i popoli secondo criteri di solidarietà, giustizia e libertà. È fondamentale impegnarsi nelle possibilità dell'attività umana verso una migliore conoscenza dell'universo e un progressivo controllo e uso pacifico dell'energia. La ragione può progettare un ideale di realizzazione umana, nel superamento pacifico dei problemi, verso un'intesa tra i popoli, nel rispetto attento e effettivo della *natura*, la *casa* comune dove tutti dovrebbero poter vivere degnamente (cfr 459s).

2. *Le esperienze del limite*

L'esperienza dell'uomo manifesta, di fatto, una sproporzione tra l'ideale di realizzazione progettato e i risultati effettivamente raggiunti. Appare l'idea di limiti insuperabili nell'impegno umano di realizzazione. Questa avviene sempre tra la frustrazione per il fallimento e la soddisfazione per il successo; il buon esito dell'operosità umana, però, è fragile e vulnerabile e spesso non corrisponde in modo sufficiente all'ideale desiderato. I limiti nell'attività dell'uomo sono anche determinati dal fatto inevitabile che la vita umana è un percorso che va inesorabilmente verso la sua conclusione, la morte.

Le esperienze dei limiti e il carattere insuperabile dell'indigenza umana, però, non contraddicono la coerenza del senso della pura mondanità, non contraddicono il senso di un'esistenza naturale e positivista, senza riferimento a Dio. L'uomo, davanti all'esperienza d'indigenza e di limiti nella sua realizzazione, deve accettarli e mantenersi nell'atteggiamento positivista, proprio della sua scelta iniziale per un mondo senza Dio. La stessa morte deve essere accettata come evento inevitabile che la realtà impone. "L'uomo accetta la morte, ma la sua felicità consiste nel realizzare con autenticità e la pienezza possibile la parte di vita che tocca vivere nel corso della Storia" (463).

Certamente, l'agnostico può accettare serenamente l'esperienza dei limiti nella sua realizzazione, inclusa la morte, come fatto universale e inevitabile: "La vita va avanti fino che non va più". Dovrà, però riconoscere che questo atteggiamento lascia fuori questioni, la cui risposta può avere un profondo significato per l'uomo (461s).

L'enigma della realtà. Due risposte possibili

3. Un nuovo interesse per la questione di Dio

L'uomo verifica che l'ideale di realizzazione non si compie pienamente. L'esperienza è spesso di frustrazione e sconfitta, sia a livello individuale che collettivo. L'uomo sensato porta con se la memoria delle vittime delle stragi naturali e di quelle provocate dall'uomo; è immensa la moltitudine dei caduti sotto la violenza e l'ingiustizia umana. La sofferenza delle vittime innocenti sembra destinata a perdersi nel vuoto e nella dimenticanza. Un sentimento d'insoddisfazione e di certa inquietudine dinanzi i limiti insuperabili e i tragici avvenimenti accaduti all'umanità, deve esserci nell'uomo, se le vicende e le difficoltà della vita non hanno soffocato gli atteggiamenti d'umanità nel suo cuore.

L'idea di un Dio che rimane impassibile e permette la sofferenza ha indirizzato l'uomo verso la scelta per la "pura mondanità". Adesso, però, emerge il pensiero dell'esistenza di Dio come la possibilità che il dolore umano di tutti i tempi sia un giorno accolto nella misericordia divina, per essere guarito e trasformato per il suo intervento escatologico in motivo di felicità e vita piena, "nella nuova terra e nei nuovi cieli".

Non viene cancellato, però, il peso dello scandalo delle contraddizioni nel concetto di Dio, che porta a negare la sua esistenza e accettare un mondo senza Dio, come più ragionevole. Rimane inaccettabile il suo silenzio dinanzi all'indigenza e alla sofferenza dell'uomo. Che cosa può fare l'uomo? Il paradosso sembra insuperabile. L'esperienza del silenzio di Dio e dell'indigenza dell'uomo porta alla negazione dell'esistenza Dio. Tuttavia, la sua esistenza è desiderata, perché offre una promessa di salvezza universale e definitiva. Il problema sembra senza soluzione.

Il punto fondamentale del discorso di Monserrat, è proprio la convinzione che il paradosso è superabile in modo positivo e ragionevole. Dice, infatti, che l'uomo può e deve riconoscere il profondo senso che il silenzio di Dio ha per lui, nonostante le sue tragiche conseguenze. *Il silenzio di Dio* è la condizione, nell'ambito generato dal Creatore, che fa possibile *la costituzione dell'uomo come realtà personale e libera*. Dio rimane in silenzio e nascosto nella creazione, perché l'uomo possa *crescere e svilupparsi in libertà*, fino al punto di *riconoscerlo liberamente*. Una riflessione attenta deve riconoscere che, se Dio fosse formalmente presente come Dio nel mondo, non sarebbe possibile rifiutarlo, o negarlo, e neanche affermarlo liberamente; l'unica cosa possibile sarebbe la totale sottomissione.

Dio, però, non è presente come Dio nel mondo e l'uomo fa la paradossale esperienza del suo silenzio. Non è presente come realtà effettiva e accessibile. Se fosse così, sarebbe anche disponibile per l'uomo. Ma un Dio disponibile per l'uomo, sarebbe veramente Dio?

Il riconoscimento del senso, per l'uomo, del silenzio di Dio apre la possibilità d'affermare la sua esistenza in modo pienamente *razionale*, nonostante lo scandalo del suo silenzio. L'uomo può affermare l'esistenza di Dio nel totale rispetto delle *esigenze di razionalità* dell'intelligenza. È aperta la possibilità dell'*affermazione razionale di Dio*.

4. *Dio. Indigenza. Alienazione*

L'esperienza dell'indigenza umana e dei limiti dell'uomo ha un ruolo decisivo nel percorso di questo pensiero. Infatti, è un elemento chiave nello sviluppo della questione di Dio. Orbene, la teoria dell'alienazione religiosa e le teorie psicoanalitiche affermano che l'uomo, sommerso in un'esperienza di vita sfavorevole e negativa, cerca uno scampo in atteggiamenti religiosi. Se l'origine della religione fosse questo, l'affermazione di Dio sarebbe un'azione umana senza fondamento.

Tuttavia, il processo che porta all'affermazione di Dio tiene conto certamente dell'esperienza dell'indigenza come dato rilevante; ma, nella nostra analisi, si basa su un senso razionale "che raccoglie l'esperienza integrale dell'uomo e ha una sua coerenza interna." L'affermazione di Dio non è una fuga immaginativa e affettiva dall'indigenza umana verso un Io trascendente, sostegno della propria debolezza. Al contrario, l'affermazione di Dio esprime la comprensione e l'accettazione libera della certezza morale che Lui è reale, e dà coerenza razionale ultima alla realtà del mondo (467).

D. Affermazione razionale di Dio

La scelta ragionevole per un "mondo senza Dio" non cancella la questione dell'esistenza di Dio. Il desiderio che esista emerge proprio dall'interno della vita dell'uomo nella scelta "mondo senza Dio". Questo desiderio diventa possibilità quando si riconosce l'esperienza del silenzio di Dio come la condizione che permette all'uomo il suo libero sviluppo personale. L'esperienza del silenzio di Dio può essere l'argomento

L'enigma della realtà. Due risposte possibili

determinante che porta alla negazione della sua esistenza; questa esperienza può anche essere segno decisivo della verità, paradossale ma reale, dell'affermazione razionale di Dio.

1. *Il senso del silenzio di Dio nel mondo*

L'esperienza del silenzio di Dio ha un senso per l'uomo. Può essere intesa come il segno eloquente, che Dio non mette in evidenza la sua presenza nella creazione, e ha costituito un ambito in cui l'uomo ha le condizioni per il pieno sviluppo, in libertà, della sua realizzazione personale.

Il silenzio di Dio diventa un indizio del fatto che Egli ha rinunciato a manifestare in modo evidente la sua presenza nel mondo; ha evitato una sua manifestazione che sarebbe *imposizione* per l'uomo. Infatti, nella creazione ha escluso una sua manifestazione di carattere *impositivo*, che comporterebbe la sottomissione dell'uomo e l'impossibilità d'essere libero. Ha lasciato all'uomo la possibilità di scegliere la *pura mondanità*, concedendogli le condizioni che gli permettono di sentirsi come dio. Secondo il Libro della Genesi, Dio disse: "Ecco, l'uomo è diventato come uno di noi" (*Gn* 3,22).

Dio ha creato l'uomo libero. Non impone la sua presenza, "si nasconde" ("veramente tu sei un Dio nascosto, Dio d'Israele, salvatore"; *Is* 45,15), e permette l'esperienza del suo silenzio, condizione di possibilità della libertà umana. Dio rispetta questa libertà, e corre il rischio che la sua creatura neghi la sua esistenza e faccia la scelta per un mondo senza Dio.

Il silenzio di Dio ha senso per l'uomo perché è la condizione di possibilità della sua libertà. Da questa esperienza, riconosciuta avente un senso per l'uomo, emerge un *concetto chiave* per la comprensione della realtà. Il silenzio di Dio non solo fa possibile la realizzazione umana in libertà, ma manifesta, paradossalmente, il *totale sacrificio* di Dio, cioè proclama che Egli ha rinunciato alla sua presenza nel mondo per lasciare spazio alla libera costituzione dell'uomo. Per il suo *totale sacrificio*, Dio è *assente* nel mondo perché l'uomo possa essere *presente* nella sua piena autonomia, come se fosse divino. Il *sacrificio* di Dio nella creazione costituisce un concetto chiave per la comprensione della realtà, e Monserrat lo denomina il *Logos del sacrificio assoluto della Divinità* (EMC 469ss); lui tratta altrove del concetto di *kenosi di Dio*, e nota che nel attuale dialogo tra scienza e teologia si parla della "kenosi di Dio nella creazione" (HNC 33).

Pertanto, l'autonomia dell'uomo, l'esperienza del *silenzio* di Dio e l'*indigenza*, individuale e collettiva, acquistano dimensione teologica. Sono le condizioni che permettono il libero riferimento a Dio, il riconoscimento del senso del suo silenzio, e la libera affermazione razionale della sua esistenza.

L'esperienza dell'indigenza umana gioca un ruolo determinante nella scoperta del senso del silenzio di Dio. Si manifesta, infatti, nella fragilità anche delle conquiste dell'uomo, nella frustrazione, nella sofferenza, nel fatto della morte come conclusione del percorso della vita. L'esperienza d'indigenza mantiene nell'uomo la consapevolezza dei propri limiti.

È vero che l'uomo può accettare serenamente i propri limiti. Ma è anche vero che, nell'esperienza dell'indigenza, spunta l'idea che l'uomo è fatto per una vita migliore e felice, e sorge il *desiderio* che l'esistenza di Dio sia vera; essa offre, infatti, la possibilità di salvezza definitiva e di rigenerazione della storia.

Secondo l'osservazione critica, il desiderio dell'esistenza di Dio è probabilmente indirizzato verso il vuoto. Ottiene, però, consistenza e coerenza quando l'uomo riconosce in questo "vuoto" il senso del silenzio di Dio nel mondo; il desiderio che Dio sia reale si trasforma nell'affermazione razionale della sua esistenza. Questa affermazione non possiede una certezza assoluta, ma ha un fondamento e una coerenza che possono resistere con successo alla critica della ragione.

La comprensione della realtà come *mondo senza Dio* acquista anche un senso. Non significa, infatti, prescindere totalmente da Dio o giudicare impossibile il suo rapporto con l'uomo. La comprensione agnostica, o atea, del mondo diventa il punto di partenza del libero orientamento umano verso Dio e l'affermazione razionale della sua esistenza, senza cancellare la coerenza propria della *pura mondanità* (469).

Non si deve dimenticare, però, che l'affermazione dell'esistenza di Dio, sebbene sia ragionevole, possiede soltanto una certezza morale; non è una certezza assoluta, o metafisica, che sarebbe *impositiva* e imporrebbe la sua verità alla ragione. La certezza morale ha la forza sufficiente per fare ragionevole la scelta, ma non è impositiva e non esclude assolutamente altre possibilità. Pertanto, l'affermazione razionale dell'esistenza di Dio non può escludere definitivamente la possibilità dell'appropriazione personale della scelta per un mondo senza Dio.

2. L'affermazione razionale di Dio

L'affermazione dell'esistenza di Dio è ragionevole. Ha una *certezza morale* libera e una coerenza fondata su argomenti consistenti. Una breve indicazione di questi argomenti mostra la loro forza di convinzione.

Argomenti cosmologici. Benché non siano decisivi, sono insostituibili; sono l'inizio della teologia naturale e del concetto di Dio. L'esistenza di Dio offre una spiegazione al problema dell'origine dell'energia e del processo di trasformazione dell'universo; offre pertanto una spiegazione del conflitto tra il movimento e la trasformazione che avviene nelle cose reali e nelle strutture stabili della realtà.

L'esistenza di Dio dà anche una ragione adeguata della percezione di razionalità e di finalità, implicate nella percezione del mondo. La razionalità della struttura dell'universo sembra esigere l'esistenza di Dio come ragione suprema, che dà coerenza e senso alla realtà (476).

Non si deve dimenticare, però, che la razionalità e la teleologia della realtà possono anche essere spiegate con coerenza sufficiente nell'ipotesi della pura mondanità.

Il senso del silenzio di Dio. La scoperta del senso, per l'uomo, del silenzio di Dio e del suo nascondimento nel mondo è l'argomento decisivo a favore dell'esistenza di Dio. Il silenzio di Dio ha senso per l'uomo, quando lui riconosce che è dovuto alla rinuncia di Dio a manifestare la sua presenza nel mondo in un modo che sarebbe *impositivo* per l'uomo; con il suo "silenzio" Dio offre all'uomo un ambito dove è possibile il suo sviluppo personale in libertà. Il senso del silenzio di Dio significa il superamento delle contraddizioni nel concetto di Dio e dello scandalo per il suo nascondimento e la sua inoperosità nel mondo.

L'esperienza religiosa. L'esperienza religiosa è un potente argomento a favore dell'esistenza di Dio. Implica un elemento obiettivo ed un elemento soggettivo. L'elemento obiettivo consiste nell'esperienza religiosa positiva, oggetto dello studio della storia delle religioni. L'elemento soggettivo è costituito dall'esperienza personale, quando percepisce una "presenza misteriosa di Dio nell'interiorità più profonda dell'uomo". L'esperienza di questa vicinanza misteriosa apre alla relazione con Dio e può concretarsi in un dialogo interno e personale. La storia positiva delle religioni trova testimonianze dell'esperienza religiosa umana. La testimonianza di un'esperienza religiosa personale, però, potrà essere molto convincente, ma non può diventare una prova della verità dell'esperienza. Essa non è "tematizzabile", cioè non può divenire un tema del discorso razionale, neppure è criticamente constatabile come esperienza intramondana concreta; se ne può dare soltanto una testimonianza personale. Eppure, l'esperienza religiosa ha un'importanza risolutiva per l'individuo religioso che accetta Dio (476).

Gli argomenti cosmologici, il senso del silenzio di Dio e l'esperienza religiosa, giustificano l'affermazione della realtà di Dio. Possiedono una coerenza obiettiva che non ha carattere impositivo, ma conduce alla certezza morale libera dell'esistenza di Dio e del senso religioso dell'esistenza dell'uomo. Tuttavia, non escludono la possibilità della comprensione del mondo come pura mondanità (477).

3. *Il senso della vita umana corrispondente all'affermazione di Dio.*

L'argomento decisivo a favore dell'esistenza di Dio è la scoperta del senso del suo silenzio nel mondo. Dio ha rinunciato a una sua manifestazione nella creazione con "carattere impositivo", e il suo "silenzio", misterioso e paradossale, ha il senso d'essere un *dono* per l'uomo. L'intelligenza umana riconosce nella realtà, nella creazione di Dio, la costituzione di un ambito in cui è possibili lo sviluppo personale in libertà.

La libera scelta che afferma la realtà di Dio, muove l'uomo a riconoscere il senso dell'esistenza religiosa; è ragionevole vivere secondo un atteggiamento religioso. Se l'esperienza del silenzio di Dio ha il senso d'essere dono di Dio per l'uomo, la risposta dell'uomo deve essere di adesione a Dio, di donazione a Lui. Questo è l'atteggiamento fondamentale dell'esistenza religiosa naturale, corrispondente all'affermazione razionale di Dio. Ciò implica necessariamente l'attesa di un intervento escatologico di Dio, quale rimedio dell'indigenza umana e possibilità di rigenerazione della storia con le sue luci e le sue ombre (475-477).

L'enigma della realtà. Due risposte possibili

4. *Permanenza della coerenza d'un mondo senza Dio*

Gli argomenti a beneficio dell'esistenza di Dio non hanno il carattere impositivo della certezza assoluta. Se la certezza fosse assoluta la sua negazione sarebbe necessariamente errore. Abbiamo visto, però, che gli argomenti hanno una certezza morale; dunque, rimane aperta la coerenza e possibilità di un mondo senza Dio.

In conseguenza, la libertà personale svolge un ruolo decisivo nel processo d'appropriazione personale della scelta religiosa, quando gli argomenti a favore dell'esistenza di Dio possono superare la forza di convinzione della pura mondanità. Ricordiamo che le risposte all'enigma della realtà non hanno una certezza assoluta. La scelta razionale per una delle due risposte: esistenza di Dio o "mondo senza Dio", ha soltanto certezza morale. La libertà umana dunque, assume una responsabilità sia nell'affermazione razionale di Dio sia nella negazione della sua esistenza (EMC 478).

5. *L'apertura alla pura mondanità quale presupposto dell'affermazione di Dio*

La risposta all'enigma ha il punto di partenza nell'inserimento a posteriori dell'uomo nella realtà. Due risposte sono possibili. L'affermazione razionale di Dio è emersa come quella più convincente. Non ha, però, come fondamento il giudizio naturale, che dichiara assurda la "pura mondanità"; al contrario, ammette che essa ha coerenza ed è ragionevole; non solo, in un primo momento appare come la più convincente risposta all'enigma della realtà. La ragione giunge all'affermazione razionale di Dio quando riconosce il senso per l'uomo del suo silenzio nel mondo; esso è il dato decisivo che "conduce alla certezza morale libera dell'esistenza di Dio" (482).

La conclusione è paradossale ma evidente. Il riconoscimento e l'accettazione della coerenza della "pura mondanità" costituisce il presupposto reale dell'affermazione razionale dell'esistenza di Dio e del senso religioso della vita dell'uomo.

E. Osservazioni complementari

In questa sezione, esponiamo delle osservazioni che completano le nostre conclusioni ed aggiungono elementi d'interesse da una prospettiva teologica.

1. Riferimento all'*azione escatologica di Dio*

Nella dialettica suscitata per le due possibilità di comprensione della realtà: esistenza di Dio e "mondo senza Dio", l'uomo raggiunge razionalmente una certezza morale libera dell'esistenza di Dio. Tuttavia non smette di sperimentare la condizione d'indigenza nella sua realtà umana. L'uomo spera, con ragione, da una futura azione di Dio, il superamento dell'indigenza e la soddisfazione del desiderio di salvezza e felicità. Si tratta d'una "speranza escatologica naturale", indirizzata verso un futuro intervento di Dio, che deve operare la piena realizzazione dell'uomo.

2. *La manifestazione di Dio come grazia*

L'uomo, quando pensa d'essere collocato con *sicurezza* nell'orizzonte di un *teocentrismo* di carattere impositivo, crede di poter affermare l'esistenza di Dio con certezza assoluta, metafisica, e per l'esperienza dell'indigenza e dei limiti, può concludere di avere "il diritto" di sperare la salvezza. Se Dio è giusto e onnipotente, ed è il *centro* dell'orizzonte in cui l'uomo è collocato (*teocentrismo*), la sua azione liberatrice si può sperare come una cosa dovuta all'uomo, una cosa alla quale l'uomo avrebbe come un diritto; sarebbe difficile capirla come *grazia*.

Tuttavia, il pensiero di Monserrat mostra che "l'uomo non è installato nella *sicurezza* di un orizzonte impositivamente *teocentrico*, ma nel *rischio* di una consapevolezza dell'esistenza di Dio, che possiede soltanto certezza morale libera", non escludendo la possibilità di un *mondo senza Dio*. In questa situazione, conclude Monserrat, l'azione liberatrice di Dio ha sempre il carattere di *grazia* (483).

A questo punto, dobbiamo richiamare l'attenzione su un argomento decisivo della tradizione cristiana. Secondo il cristianesimo, la comunicazione di Dio all'uomo è sempre grazia, a tutti i livelli; mai è una cosa dovuta all'uomo, ma è concessa a lui come dono. La comunicazione di Dio è grazia "nella creazione, nel sacrificio redentore di Cristo, nella donazione dello Spirito e la santificazione dell'uomo inserito nella storia, e nella consumazione escatologica" (483).

Il pensiero cristiano ha sempre mantenuto il senso personale e libero dell'accettazione di Dio. Tuttavia, Monserrat dice che nella storia della teologia cristiana ci sono sistemi di pensiero che si possono considerare insufficienti perché si presentano razionalmente secondo la prospettiva di un teocentrismo impositivo; così accade nel pensiero medievale e scolastico. Lui afferma anche che l'apertura alla pura mondanità, e la conseguente certezza morale libera dell'affermazione naturale di Dio, "costituiscono l'unica possibilità di mantenersi nell'ortodossia teologica cristiana", e aggiunge: "ogni forma, esplicita o mascherata, di teocentrismo impositivo sarebbe insufficiente per mantenere la ortodossia cristiana, specialmente della teologia della Grazia e dell'atto di fede" (483).

La teologia cristiana, fondata sul messaggio biblico, non ha carattere teocentrico né impositivo. Tratta, infatti, della fede in Dio, rivelato in Cristo, e della speranza nella salvezza definitiva, operata nell'intervento divino escatologico. La fede cristiana si costituisce nell'ambito dell'esperienza del silenzio di Dio, dinanzi alla possibilità dell'opzione per la pura mondanità (483). L'analisi positiva di punti fondamentali del pensiero biblico mostrerà che effettivamente è così.

3. *La presenza dello Spirito*

L'esperienza religiosa ha un importante ruolo nell'affermazione di Dio. Dalla prospettiva cristiana, il fatto della donazione soprannaturale dello Spirito, oltre l'ambito della fede cristiana esplicita, si deve accettare e affermare decisamente. L'uomo religioso, benché non conosca positivamente il cristianesimo, o sia solo implicitamente religioso, può ricevere effettivamente il dono soprannaturale dello Spirito. Sarà sempre, però, un evento che non può diventare un tema del discorso razionale, la donazione sopranaturale dello Spirito non è un fatto "tematizzabile"; appartiene all'esperienza religiosa dell'uomo e la ragione umana non può percepire il suo contenuto concreto; questo può soltanto essere tema di una testimonianza personale. Nella questione di Dio, l'uomo è aperto agli argomenti della ragione naturale e anche alla testimonianza dell'esperienza religiosa e dell'azione soprannaturale dello Spirito (484).

4. Pura mondanità, dimensione soprannaturale, peccato

Le ragioni a beneficio dell'esistenza di Dio hanno una forza razionale, ma non possiedono la forza *impositiva* di cancellare la possibilità dell'opzione per un mondo senza Dio; tale opzione mantiene una coerenza razionale sufficiente. Da una prospettiva cristiana, però, si deve considerare peccato la scelta della "pura mondanità" (cfr 484).

Sia l'affermazione dell'esistenza di Dio che la sua negazione si fondano nel mistero della libertà e delle decisioni personali. L'uomo, dunque, è responsabile quando non riconosce il valore degli argomenti a favore dell'esistenza di Dio, né il possibile senso per l'uomo del suo silenzio, e fa la scelta per un mondo senza Dio.

Nella visione cristiana, il discorso sul peccato è collegato al tema della ragione umana e della libertà. Tuttavia, è possibile svilupparlo solo se si tiene conto d'un altro elemento essenziale: La grazia soprannaturale dello Spirito. Secondo la fede cristiana "l'azione dello Spirito dà la testimonianza all'interno dell'uomo" che Dio "esiste veramente ed è vero il sacrificio di Cristo", sebbene non sia un'esperienza totalmente conscia o diventi un'espressione pienamente esplicita dell'evento. "L'azione dello Spirito non appartiene alla natura umana come tale"; avviene come esperienza interna e misteriosa nell'uomo e "non può essere fissata o 'tematizzata', come se fosse un'esperienza naturale", ma ha un influsso reale nell'uomo. L'azione dello Spirito dà una testimonianza interna *a favore della verità* (480).

Secondo Monserrat, l'azione soprannaturale dello Spirito nell'uomo diventa in qualche modo tematizzabile soltanto in rapporto al senso del silenzio di Dio nel mondo. L'azione dello Spirito "può diventare tema del discorso della ragione solo quando è intesa nella sua sopranaturalità, mediante il *logos del sacrificio assoluto* della Divinità, vale a dire, può diventare tema del discorso della ragione quando è capita nel suo superamento della realtà naturale, cioè, nella sua sopranaturalità". Per tanto, l'azione sopranaturale dello Spirito solo può essere intesa adeguatamente dal riconoscimento del significato per l'uomo della rinuncia di Dio a manifestare la sua presenza nel mondo (480).

Dal punto di vista cristiano, l'opzione per la pura mondanità è peccato quando è negazione della testimonianza a favore della verità, comunicata dallo Spirito nel cuore dell'uomo. Allora l'opzione "è incoerente" perché

L'enigma della realtà. Due risposte possibili

non accetta la forza di convinzione dell'argomento cosmologico e la forza di verità del sacrificio di Cristo, e non riconosce la testimonianza reale ed effettiva dello Spirito; "non è autentica" perché non opera in conformità con la verità reale dell'uomo; ed è "peccaminosa" perché l'uomo è responsabile della negazione di Dio.

Orbene, probabilmente l'uomo naturale non ha coscienza del carattere peccaminoso della scelta per un mondo senza Dio perché "è convinto d'essere obiettivamente inserito in un ambito esistenziale di coerenza sufficiente senza riferimento a Dio". Effettivamente, secondo la prospettiva della teologia cristiana, la consapevolezza del carattere peccaminoso dell'opzione per un mondo senza Dio si acquisisce soltanto dalla fede. L'uomo "acquista consapevolezza del suo peccato allo stesso tempo che raggiunge la fede" (480).

5. *Forme di "pseudo ateismo" nella scelta per un "mondo senza Dio"*

Lo sviluppo della questione dell'enigma della realtà raggiunge la giustificazione razionale dell'affermazione dell'esistenza di Dio. Gli argomenti a favore della sua coerenza sono convincenti. Possono apparire, però, forme di "pseudo ateismo" quando il fascino dell'autonomia dell'uomo o l'indigenza esistenziale bloccano il percorso razionale verso l'accettazione dell'esistenza di Dio. Ci sono motivazioni non strettamente razionali che possono ostacolare il percorso intellettuale. "Barriere" esistenziali possono bloccare una conclusione positiva nei ragionamenti che giustificano l'affermazione dell'esistenza di Dio e l'esistenza religiosa dell'uomo. L'*inerzia esistenziale* di una vita non religiosa, per esempio, può reprimere l'accettazione dell'esistenza di Dio, nonostante gli argomenti in suo favore abbiano una forza sufficiente. Inoltre, la comprensione della realtà come "puramente mondana" rende possibile un'*affascinante esperienza d'autonomia* con grande forza d'attrazione per l'uomo; essa può bloccare il percorso razionale che conduce al superamento della comprensione del mondo come "puramente mondano". Anche una profonda esperienza negativa d'indigenza può suscitare sentimenti ostili davanti all'esperienza del silenzio di Dio e diventare un serio ostacolo nel processo personale verso la sua accettazione (484s).

Cristianesimo e realtà

6. *Limite e significato delle affermazioni umane su Dio*

Il linguaggio su Dio mediante concetti suscita un'obiezione. Ha ragione la teologia negativa quando nota che tale linguaggio mai sarà sufficientemente adeguato. Tuttavia, l'uomo può fare affermazioni su Dio e progettare il concetto di Dio e dei suoi attributi: trascendenza, assolutezza, personalità, giustizia, onnipotenza... Il concetto di Dio non appare a priori. Al contrario. Emerge "nel processo d'inserzione a posteriori dell'intelligenza nella realtà"; non è, dunque, un concetto che s'imponga alla ragione giacché è un risultato dell'analisi critica della realtà. Nell'analisi della realtà sorge un concetto di Dio che la ragione esamina per stabilire se ha corrispondenza con la realtà.

Affermando che Dio è trascendente, la ragione riconosce che il concetto di Dio e le affermazioni su di Lui sono inevitabilmente inadeguati. La realtà di Dio, per il suo carattere trascendente, deve superare necessariamente il contenuto del concetto che la ragione progetta su di Lui. Ma se Dio deve avere un significato per l'uomo, deve possedere gli attributi contenuti nel suo concetto, che emerge nell'analisi a posteriori della realtà; senza dubbio deve essere predisposto a rimediare l'indigenza umana e trasformare la storia. "Non sarebbe critico affermare l'esistenza di Dio se la sua realtà non avesse un certo rapporto col concetto umano di Dio" (485s).

L'argomento razionale decisivo per affermare la realtà di Dio è accettare il senso, per l'uomo, dell'esperienza del suo silenzio. L'uomo comprende il significato del silenzio di Dio come la rinuncia ad imporre la sua presenza, come il sacrificio di ogni manifestazione impositiva, come dono per l'uomo di un ambito di esistenza in cui possa realizzarsi con autonomia e libertà. La libera affermazione di Dio è fondata nel senso del suo silenzio e implica la possibilità della scelta per un mondo senza Dio. Monserrat interpreta il fatto; è convinto dell'esistenza d'un rapporto tra il "silenzio di Dio" nel mondo e la kenosis di Cristo, e afferma: "Il riferimento naturale a Dio è sempre implicitamente cristologico". Il significato di questa affermazione sarà chiarito più avanti (486).

L'enigma della realtà. Due risposte possibili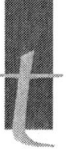

Appendice 2
Conferma della tesi del capitolo a partire da dati della storia

L'uomo ha cercato il rapporto con Dio in tutti i tempi. Brevi indicazioni del fatto e un tentativo d'interpretazione offrono una conferma della nostra esposizione dell'enigma della realtà e delle risposte possibili. Dall'inizio della storia appare l'affermazione dell'esistenza di Dio e il desiderio dell'uomo d'offrire a Lui i doni migliori. Secondo Monserrat si può anche costatare una comprensione del cosmo come "puramente mondano".

Si deve distinguere la rappresentazione subconscia dalla rappresentazione cosciente. Entrambe vogliono esprimere una comprensione dell'esistenza umana e della realtà, ma soltanto la rappresentazione cosciente è constatabile storicamente. In questa breve esposizione facciamo accenno solo a tre momenti della storia dell'atteggiamento religioso umano espresso per mezzo di rappresentazioni coscienti, che "conducono alla scoperta progressiva di una coerenza ultima della realtà e del senso dell'esistenza umana; è proprio quello che appare nelle prime esperienze della realtà" (496).

1. *Sistemi mitici e simbolici primitivi*

I popoli primitivi, che si possono considerare teisti, hanno simboli e miti che fanno riferimento ad una divinità trascendente con potere sulle forze naturali e capacità d'aiutare l'uomo nella sua indigenza. L'uomo primitivo cerca il rapporto con Dio mediante riti e sacrifici che esprimono la sua dipendenza e la volontà d'offrire a Lui i doni migliori, come per esempio, le primizie del raccolto.

Questa religiosità primitiva degenera quando acquisisce forme di politeismo. La molteplicità degli dei può esprimere la diversità di ambiti in cui si manifesta la potenza della divinità; ma il politeismo può anche essere l'espressione mitica e simbolica della convinzione che "il cosmo è l'elemento assoluto e determinante della realtà". Questo significa, però, la negazione della trascendenza e rimanere nel panteismo e nell'immanenza. Secondo Monserrat nel politeismo greco-romano sarebbe accaduto così; si sarebbe perso progressivamente il senso della trascendenza e nella mitologia si sarebbe presentata piuttosto l'idealizzazione delle possibilità umane nel mondo. Questo fatto manifesta un processo verso "la comprensione del cosmo come pura mondanità" (497s).

Altri sistemi mitici e simbolici, invece, esprimono dal loro inizio la convinzione che "l'assoluto non è la divinità trascendente ma il sistema integrale della realtà". Questa sarebbe l'interpretazione adeguata del mito dell'Eterno Ritorno e dei sistemi mitici e simbolici della cosmobiologia. "I riti d'identificazione con la vita cosmo-biologica sono un tentativo d'appropriazione della pienezza vitale della realtà" (497s).

Dunque, l'apertura dell'uomo a due possibilità di comprensione della realtà: l'esistenza di Dio e la "pura mondanità", appare in queste rappresentazioni primitive; esse manifestano che per l'uomo primitivo la concezione di Dio non aveva un carattere *impositivo* e poteva progettare una rappresentazione della realtà secondo un'interpretazione "puramente mondana". Appaiono qui pertanto le due risposte possibili all'enigma della realtà.

La diversità di rappresentazioni primitive "non ha una facile spiegazione razionale a partire da un pensiero impostato secondo un teocentrismo impositivo". Quella diversità, invece, è un indizio che l'uomo è costitutivamente aperto a due possibilità di comprensione della realtà: esistenza di Dio e mondo senza Dio (498).

2. *Il cristianesimo medievale*

Il pensiero cristiano medievale ha fatto ricorso ai concetti della filosofia aristotelica e platonica per esprimersi in modo coerente e sistematico. Il fatto è positivo; significa il tentativo di elaborare una sintesi con i sistemi di pensiero scientifico della cultura dell'epoca. Ma, secondo Monserrat, i presupposti antropologici aristotelici e platonici e, soprattutto, "il pensiero a priori e dualista di Platone, parzialmente corretto da Aristotele", hanno portato il pensiero cristiano medievale a interpretazioni molto deficienti, che hanno avuto influsso "sui sistemi di rappresentazione cosciente cristiana, anche fino ad oggi" (498); afferma, infatti, che "nel Medioevo si sia costituito un teocentrismo impositivo sulla base dei sistemi di pensiero aristotelico e platonico". In altre parole, si è operata una *sintesi* tra elementi della filosofia greca e contenuti fondamentali del pensiero biblico, che ha offerto chiarezza e sicurezza all'uomo medievale, ma al contempo ha comportato un'interpretazione teocentrica e impositiva della situazione dell'uomo nel mondo e del suo rapporto con Dio. Questo significa che in tale sintesi c'è una visione dell'uomo situato

L'enigma della realtà. Due risposte possibili

originariamente dinanzi a Dio, non riconoscendo una coerenza razionale nella comprensione del mondo come "pura mondanità" e nella scelta per un mondo senza Dio. Il contenuto della Scrittura, però, non è né teocentrico né "impositivo", perché essa ha una comprensione dell'uomo posto di fronte all'enigma della realtà che sollecita due risposte possibili: l'esistenza di Dio e un mondo senza Dio. Infatti, secondo la Scrittura, l'uomo è nell'esperienza del silenzio di Dio e del suo "nascondimento". L'apertura alla possibilità della "pura mondanità" è il presupposto della *libera* affermazione di Dio (499).

È dunque inevitabile la tensione tra il pensiero teologico, sviluppato con elementi della filosofia greca, e l'esperienza cristiana, motivata dai contenuti biblici; infatti, il popolo cristiano ha vissuto il rapporto con Dio ispirato dai *temi biblici*: la creazione, l'incarnazione, il peccato, la grazia, la Croce di Cristo. Forse l'influsso è avvenuto a livello subconscio, ma ha fatto possibile che la religiosità cristiana nel Medioevo, e dopo il Medioevo, si sia mantenuta fedele al messaggio cristiano. Nonostante la deficienza dei sistemi di pensiero dell'epoca, "nel Medioevo e nella vita cristiana posteriore, rimangono vivi i simboli essenziali della teologia biblica", che determinano "le esperienze essenziali della vita cristiana". Il centro del pensiero cristiano è la figura di Cristo, che non ha carattere "impositivo" (499).

La figura di Cristo presenta la sua verità e invita alla fede, ma non è "impositiva", non vuole imporsi alla ragione umana. La proposta di Monserrat è proprio indirizzata a superare la tensione tra teologia e esperienza cristiana, che ha l'origine nel tentativo di sintesi tra teologia e cultura dell'epoca, operato nel Medioevo. La sua proposta offre elementi fondamentali per sviluppare un pensiero cristiano che non soltanto esponga i contenuti della fede, ma sia veramente integrato nella cultura attuale, fortemente determinata dalla scienza. Dalla proposta di Monserrat può emergere in modo rinnovato e convincente la forza di verità del messaggio cristiano.

3. Il periodo postrinascimentale

Dal Rinascimento in poi sorge un tipo di pensiero e di senso dell'esistenza che significano una novità radicale. Appaiono sistemi di pensiero indirizzati verso "una descrizione dell'esistenza umana e del mondo completamente autonoma e senza riferimento alla realtà religiosa". Il nuovo modo di descrivere scientificamente la realtà ha avuto un influsso determinante. "Galileo, e Newton dopo, hanno stabilito le fondamenta per edificare la nuova cosmologia scientifica: l'insieme dei fenomeni nel mondo appaiono come un sistema con carattere chiuso e sufficiente" (EMC 34). Si sviluppa anche una "accettazione dell'esperienza esistenziale umana puramente naturalista e completamente staccata da ogni riferimento religioso" (499).

Scienza e spiegazione del mondo. Lo sviluppo progressivo della scienza, fondato su una sistemazione critica delle esperienze, s'impose gradualmente nella cultura del tempo. Si è consolidata la possibilità "di dare una spiegazione coerente dei fenomeni nel mondo, senza necessità di un'ipotesi esterna al Cosmo, in altre parole, senza necessità dell'ipotesi di un Dio trascendente". Di questo ne da conferma lo sviluppo scientifico che progredisce "nella sistemazione della struttura delle diverse regioni della realtà: l'analisi microfisica della materia, lo sviluppo dell'astrofisica, il progresso scientifico della psicologia, della biologia, della medicina, etc." (499s).

Due momenti nel progresso della scienza. Bisogna notare due momenti di particolare interesse nel processo storico del progresso scientifico. Il primo corrisponde alla scienza alla fine del secolo XVIII e nel secolo XIX. Si sono sviluppati sistemi scientifici "di tipo interamente materialista e meccanicista, che escludono completamente l'ipotesi di Dio e arrivano alla conclusione di un rigido e totale ateismo". C'è un'esclusione dell'ipotesi di Dio che si può comprendere come *ateismo impositivo* (500).

Il secondo momento del progresso scientifico che ci interessa, corrisponde ai sistemi che seguono nel secolo XX il positivismo scientifico. "La scienza prende coscienza dei confini della conoscenza umana e della portata limitata delle sue affermazioni." Non è esclusa l'ipotesi di Dio e si riconosce razionalmente la possibilità della sua esistenza. Tuttavia, questo non significa che sia respinta "una spiegazione coerente ed autonoma della realtà e dell'uomo senza riferimenti religiosi". Rimane la possibilità dell'ipotesi d'un mondo senza Dio (500).

L'esperienza naturale non religiosa. L'esperienza puramente naturalista e non religiosa ha un crescente sviluppo nel mondo moderno. Sicuramente

L'enigma della realtà. Due risposte possibili

è stata presente da sempre nei popoli. Probabilmente è rimasta culturalmente bloccata quando "sistemi ideologici teocentrici si sono imposti nella rappresentazione cosciente della società durante periodi della storia". Tuttavia, l'esperienza umana non religiosa appare con forza nel Rinascimento fino a costituire un "naturalismo assoluto, dogmatico ed escludente" nei secoli XVIII e XIX.

Nei secoli XX e XXI, l'esperienza umana non religiosa "si è basata sulla consapevolezza di muoversi in un ambito esistenziale di coerenza naturale autonoma", giustificata dai risultati della scienza. Ha perso, però, il carattere escludente e non considera assurdo l'atteggiamento esistenziale religioso. Questo modo di pensare è frequente oggi; è caratteristico dei tempi attuali. La motivazione di tale atteggiamento di tolleranza risiede nel fatto che la scienza può dare una spiegazione coerente della realtà senza fare riferimento a Dio, ma contemporaneamente non può negare scientificamente la sua esistenza. Ci sono, dunque, due possibilità di comprensione della realtà, che apparivano quando abbiamo esposto precedentemente la questione dell'enigma della realtà e le due risposte possibili (500).

Quest'abbozzo d'interpretazione di dati storici conferma quanto abbiamo detto in questo capitolo. L'uomo è naturalmente religioso. In determinati momenti della storia, però, fa l'opzione per la "pura mondanità", che coesiste con la scelta per l'esistenza di Dio. Una delle forme storiche di questa scelta è il Cristianesimo, fondato nella Scrittura. Secondo Monserrat, il pensiero biblico non è stato interpretato adeguatamente quando si sono adottate concezioni *teocentriche,* che inevitabilmente hanno acquistato un carattere razionalmente *impositivo*. Il messaggio biblico non ha carattere "teocentrico" né "impositivo", perché la sua origine e fondamento è la fede in Dio, manifestato in Cristo, che si costituisce nell'ambito dell'esperienza del silenzio di Dio e della possibile opzione per la *pura mondanità*. L'analisi dei punti fondamentali del pensiero biblico mostra che effettivamente è così.

CAPITOLO 4

LA CREDIBILITÀ DELLA FIGURA DI CRISTO

La prospettiva dei capitoli precedenti è stata filosofica e ci ha condotto all'affermazione razionale di Dio a partire dalla filosofia zubiriana della realtà. L'affermazione di Dio e l'atteggiamento religioso corrispondente restano aperti al possibile intervento di Dio nella storia umana. L'uomo religioso attende a ragione che Dio si riveli alla fine della storia, manifesti il suo potere giusto e offra una salvezza definitiva. Ma si può prospettare anche la possibilità di una rivelazione divina nell'ambito della stessa storia umana. Per provare se questo sia avvenuto, si devono studiare le tradizioni religiose e verificare se contengono segni credibili di un vero intervento di Dio nel mondo. In questo compito ci si imbatterà nel cristianesimo come fenomeno religioso positivo, e si dovrà valutare la sua pretesa di avere la propria origine nella rivelazione di Dio in Gesù Cristo.

A. Valutazione della credibilità del cristianesimo

Il cristianesimo crede di avere la propria origine nell'intervento storico di Dio, che si è rivelato in Gesù di Nazaret, realizzando così le promesse fatte al popolo d'Israele e dando inizio alla Chiesa cristiana. Per valutare in modo critico questa convinzione, la ragione deve fare tre passi. In primo luogo, deve stabilire i criteri per un'adeguata valutazione. Poi, deve studiare i contenuti della fede cristiana e indicare quali sono quelli fondamentali. Infine, deve applicare i criteri ai contenuti e trarre le debite conclusioni.

1. I criteri di valutazione

In primo luogo dobbiamo tener conto di una cosa evidente. Se il cristianesimo ha la sua origine in un vero intervento divino nella storia, non deve essere in contraddizione con il concetto di Dio corrispondente all'affermazione razionale di Dio, che abbiamo visto nel capitolo precedente. Può e deve superarlo, ma in nessun caso sarà in contraddizione con esso. Infatti, la concezione cristiana di Dio deve avere una coerenza sufficiente con la ferma convinzione dell'uomo di essere costitutivamente inserito nella realtà; proprio in questa inserzione costitutiva l'uomo avverte la propria indigenza, sperimenta il silenzio di Dio, lo riconosce come la condizione indispensabile della propria realizzazione libera e attende la salvezza piena di un'azione definitiva di Dio. Una vera rivelazione di Dio nella storia deve avere necessariamente una *corrispondenza* adeguata con l'affermazione razionale di Dio e deve offrire risposte soddisfacenti alle aspettative religiose dell'uomo. Il motivo è evidente: il Dio che si rivela è lo stesso che ha dato origine alla realtà, a partire dalla quale la ragione umana disegna l'idea di Dio e il concetto di salvezza dell'uomo (primo criterio).

Tuttavia la semplice corrispondenza tra i dati della rivelazione divina nella storia e l'affermazione razionale di Dio non è sufficiente. Se la rivelazione di Dio è vera, deve superare ciò che l'uomo può pensare giustamente di Lui; non può consistere in una pura ripetizione dell'affermazione razionale di Dio; deve dire cose nuove. Pertanto non basta che ci sia la necessaria corrispondenza: ci deve essere una *differenza* chiara e constatabile tra i contenuti dell'affermazione umana di Dio e i dati propri della sua rivelazione nella storia (secondo criterio).

Se Dio si rivela nella storia, deve agire in modo tale che si manifesti il carattere divino del suo intervento. Quindi, l'evento della rivelazione deve includere azioni *straordinarie*, che superino le capacità naturali dell'uomo e siano inspiegabili come pure azioni umane. Tali azioni potranno essere interpretate come segnali o *segni soprannaturali* (terzo criterio).

Ora, le azioni soprannaturali, che indicano il carattere divino dell'intervento di Dio, avranno una inevitabile dimensione paradossale. Potranno essere riconosciute come azioni straordinarie e soprannaturali, ma non dovranno avere un carattere *impositivo*; non possono avere la pretesa di possedere una forza di convinzione così potente che *s'imponga* all'uomo, e che questi debba sottomettersi inevitabilmente ad essa. Se fosse così, i segni dell'intervento divino avrebbero un carattere impositivo e la rivelazione di Dio sarebbe in contraddizione con il fatto reale del silenzio di Dio e della sua rinuncia a imporre la sua presenza; se la manifestazione di Dio avesse carattere impositivo, la situazione dell'uomo in realtà cambierebbe radicalmente, e sarebbe eliminata la sua apertura a una realizzazione libera. Le azioni soprannaturali che possano indicare il carattere divino della rivelazione di Dio non devono sopprimere la libertà dell'uomo, non possono essere *segni impositivi* (quarto criterio).

Pertanto i criteri di credibilità della fede cristiana sono quattro. Ci dev'essere una *corrispondenza* sufficiente tra il contenuto dell'affermazione razionale di Dio e la sua rivelazione al mondo (1). Ma ci dev'essere anche una *differenza*: l'intervento divino deve significare una *novità* rispetto alla concezione umana di Dio (2). La rivelazione di Dio deve contenere segnali adeguati o *segni soprannaturali* (3). Questi segni non possono avere in nessun caso carattere *impositivo*, poiché devono rispettare la condizione libera dell'uomo (4).

Per applicare questi quattro criteri alla fede cristiana, è necessario determinare previamente i suoi contenuti fondamentali.

2. *Contenuti fondamentali della fede cristiana*

I contenuti della fede cristiana si trovano nella Scrittura, trasmessa dalla Tradizione della Chiesa. La Scrittura è composta dall'Antico e dal Nuovo Testamento, in cui si segnalano i quattro Vangeli, «la Buona Notizia di Gesù Cristo, Figlio di Dio» (*Mc* 1,1). La constatazione degli elementi fondamentali di questo testo costituisce l'accesso al contenuto della fede cristiana.

La Scrittura contiene molti riferimenti ad avvenimenti storici, e questo presenta difficili problemi di critica e di interpretazione. Ma il testo biblico, come è giunto ai nostri giorni, è l'unica via possibile di accesso ai contenuti della fede cristiana: soltanto attraverso questo testo possiamo giungere a determinare gli elementi fondamentali del cristianesimo in modo sufficientemente critico. Un'analisi positiva permette di stabilire una serie di punti essenziali del messaggio che si vuole trasmettere.

Nella Bibbia l'uomo appare, sin dalla sua origine, inserito nella realtà e nella relazione con Dio. Dio non impone la sua presenza in modo manifesto, e l'uomo può agire e realizzarsi liberamente. L'espressione simbolica di questo fatto la troviamo nel racconto biblico della creazione. Secondo i racconti della Genesi, Dio ha creato il mondo e ha collocato l'uomo in un Paradiso, perché possa essere pienamente e liberamente felice; egli può disporre di tutte le cose che ci sono nel giardino paradisiaco, ma non deve mangiare i frutti dell'«albero della conoscenza del bene e del male». Il Creatore ha proibito di mangiare i frutti di questo albero, ma, paradossalmente, lascia nel giardino questo albero, accessibile all'uomo, il quale non ne deve mangiare i frutti, ma lo ha a portata di mano. La possibilità di disobbedire a Dio è lasciata misteriosamente aperta, e il "primo uomo" opta per essa e mangia il «frutto proibito», che apparentemente offre la possibilità di essere come Dio.

Le conseguenze della *disobbedienza* sono l'espulsione dal Paradiso e la scoperta dell'indigenza umana, simboleggiata dalla *nudità*. La relazione nella coppia originale si deteriora e la vita dell'uomo cessa di essere paradisiaca: sarà accompagnata da difficoltà e sofferenza. Tuttavia Dio non abbandona l'uomo. Lo castiga con la cacciata dal Paradiso, ma fa nei suoi confronti un significativo gesto di misericordia: «Il Signore Dio fece all'uomo e a sua moglie tuniche di pelli e li vestì» (*Gen* 3,22). Si delinea dunque questo schema – situazione dell'uomo, peccato, castigo e misericordia –, che si ripeterà nei primi undici capitoli della Genesi, e cha ha un senso prevalentemente simbolico, ma un profondo contenuto teologico. Lo schema indicato si realizza infatti in questi episodi: Caino uccide suo fratello ed è punito con il suo andare errando, ma Dio gli pone un segno che lo proteggerà quando incontrerà gli altri abitanti della terra; l'umanità si perverte e Dio la castiga con il diluvio, ma Noè e la sua famiglia si salvano nell'arca; l'episodio successivo è quello della torre di Babele: l'umanità unita vuole mostrare il suo potere costruendo una torre che giunga fino al cielo, e Dio castiga questa pretesa confondendo le lingue, e l'umanità si disperde in diversi gruppi con lingue diverse. Sembra che in questo ultimo episodio manchi il momento di misericordia divina, ma non è così: la misericordia di Dio si manifesta, a partire dal capitolo 12 della Genesi, nella vocazione di Abramo, quando il testo biblico smette di avere un senso prevalentemente simbolico e acquista il carattere di narrazione che, nel suo insieme, si riferisce sufficientemente a fatti storici.

Abramo *obbedisce* alla chiamata divina, lascia il suo paese e inizia un cammino verso una terra straniera. Dio stabilisce con lui un'*alleanza* e gli *promette* una grande discendenza, lo benedice e lo fa diventare segno di benedizione per gli altri, e gli promette una salvezza, che si concretizzerà con il possesso della terra in cui è giunto, il paese di Canaan (*Gen* 12 ss.). I tre patriarchi – Abramo, Isacco e Giacobbe – fanno una vita nomade, finché Giacobbe deve scendere in Egitto, spinto da una fame che regna nel paese di Canaan.

Le *promesse* di Dio avranno compimenti diversi, che si riveleranno provvisori, e si convertiranno in anticipazioni e segnali di un futuro compimento definitivo. Così avviene nei racconti della vocazione di Mosè e dell'esodo dall'Egitto, della celebrazione dell'Alleanza con Dio, della proclamazione della Legge sul Sinai, e della costituzione del popolo d'Israele. Questo intraprende il cammino verso la Terra promessa, che sarà conquistata sotto la guida di Giosuè; in essa vivranno le dodici tribù d'Israele, guidate dai Giudici, fino alla costituzione del regno di Saul e di Davide. Dopo lo splendore del tempo di Salomone, il regno si dividerà in due: Giuda e Israele, e inizierà una lenta decadenza che si concluderà con la distruzione del regno d'Israele da parte degli assiri, nell'anno 721. Il regno di Giuda fu conquistato nell'anno 587 da Nabucodonosor, che costrinse gli ebrei ad andare in esilio a Babilonia. La tolleranza di Ciro, re di Persia, consentì il ritorno degli esiliati nell'anno 538. Allora iniziò una difficile restaurazione della vita del popolo ebreo, che dovette sopportare il dominio dei greci dopo le conquiste di Alessandro Magno, e il dominio di Roma dopo la conquista di Pompeo. La modesta restaurazione post-esilica si prolungherà fino ai tempi di Gesù.

In queste tappe della storia d'Israele hanno un significato decisivo la figura e il messaggio dei *profeti*. Essi interpretano le vicende della vita d'Israele come segni dell'amore di Dio per il suo popolo e come castighi per l'infedeltà agli impegni presi nell'Alleanza stabilita con Dio. I profeti proclamano le qualità di Dio, evitando confusioni e deviazioni. Dio è potente e giusto. È anche misericordioso e fedele, e porterà a compimento le sue promesse. Il messaggio profetico concretizza e precisa progressivamente la natura e il compimento delle promesse fatte da Dio al suo popolo: le promesse di Dio si compiranno con l'instaurazione del Regno di Dio.

Durante i periodi sopra menzionati si profilano i tratti di *figure salvatrici*, per mezzo delle quali Dio agirà e renderà effettivo il suo piano di salvezza. Occorre mettere in risalto queste *figure*, che hanno un significato salvifico e che si distinguono nell'Antico Testamento: Dio invierà un *profeta* simile a Mosè (*Dt* 18,18); un discendente di Davide sarà il *Messia*, unto da Dio, il cui regno sarà eterno (2 *Sam* 7), e avrà un carattere *sacerdotale* nuovo (*Sal* 109); dopo l'esilio, nel Secondo Isaia, appare la figura del *Servo del Signore,* servo fedele e giusto, la cui sofferenza sarà causa di redenzione e di salvezza (*Is* 52–53); più tardi, la figura salvifica è rappresentata come un semplice uomo, un *Figlio dell'uomo,* che riceve dal cielo il potere di Dio per instaurare un Regno universale ed eterno (Dn 7).

Le differenze tra queste *figure* sono notevoli e difficilmente conciliabili. Infatti, gli attributi gloriosi del *Messia,* discendente di Davide, contrastano con l'umiliazione del *Servo,* la cui sofferenza ha un potere salvifico, e anche con la figura del *Figlio dell'uomo,* che di per sé è una figura semplicemente umana e indigente, ma che riceve da Dio il potere per instaurare il suo Regno. Queste differenze saranno riconciliate nella convinzione di fede che le *figure salvatrici* giungono a pieno compimento in Gesù di Nazaret.

Secondo la Bibbia, la manifestazione definitiva del piano salvifico di Dio avviene in Gesù Cristo, in cui si realizzano in modo definitivo il fedele compimento delle promesse fatte da Dio a Israele e la rivelazione piena della sua giustizia e della sua misericordia (cfr *Rm* 3,21-26). Cristo costituisce il centro del messaggio della Scrittura e l'essenza del Cristianesimo.

3. *I contenuti della fede e la realtà storica*

I contenuti essenziali della fede cristiana si trovano nella Bibbia, nell'Antico e nel Nuovo Testamento. Il testo è innanzitutto l'espressione di una fede religiosa concreta. Il testo biblico è molto esteso e contiene sezioni di carattere molto diverso. Ci sono alcune che conservano chiaramente un forte carattere simbolico, come, ad esempio, i primi undici capitoli della *Genesi*. Alcune sezioni hanno un chiaro intento didattico e di esortazione, come i *Libri sapienziali*. Altre, invece, manifestano la convinzione di dire cose che corrispondono a fatti storici accaduti realmente, o almeno hanno l'intenzione di basarsi su di essi in modo sufficiente: questo è il caso dell'*Esodo*, dei *Libri di Samuele* e dei *Libri dei Re* e, soprattutto, dei *Vangeli*. In ogni modo, il cristianesimo conserva e trasmette il testo biblico, convinto di mantenere fedelmente la testimonianza vera della rivelazione di Dio nella storia.

La credibilità della figura di Cristo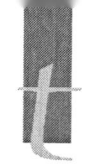

In molti casi la corrispondenza della Scrittura con fatti storici reali è problematica. In altri casi, è possibile riconoscere una corrispondenza sufficiente tra i dati del testo e la realtà storica. In ogni caso, non sarebbe ragionevole mettere in dubbio le vicende fondamentali della storia d'Israele, raccontate nell'Antico Testamento, e la realtà effettiva della vita di Gesù, testimoniata dai Vangeli. La loro realtà storica è evidente. Una critica ragionevole non la può mettere in questione.

Altra cosa è credere che Dio ha scelto Israele come suo popolo e si è rivelato in Gesù in modo pieno e definitivo. Per poter valutare la credibilità di questa fede, si devono applicare i criteri visti in precedenza. Ora, l'applicazione adeguata di questi criteri esige che si tenga conto dei seguenti *presupposti*.

1. L'unica prospettiva possibile per valutare la credibilità della fede cristiana è il momento storico nel quale si trova colui che vuole effettuare tale valutazione. La nostra inserzione attuale nella realtà costituisce questa unica prospettiva possibile; soltanto a partire da essa si può fare l'analisi critica del contenuto della Scrittura, trasmessa nel cristianesimo fino ai nostri giorni.

2. La Scrittura contiene molti riferimenti ad avvenimenti storici quando racconta cose che riguardano la storia del popolo d'Israele (Abramo, Mosè, l'esodo, Davide, il regno, l'esilio, il post-esilio) e la vita e la morte di Gesù di Nazaret. Non sarebbe ragionevole mettere in dubbio i momenti chiave della storia d'Israele o i tratti fondamentali del profilo biografico di Gesù. Certamente ci possono essere cose che provengono da una «creazione teologica» effettuata dagli autori del testo. Ma da questo non segue che essi lo abbiano fatto senza alcun fondamento nella storia effettiva di Israele e nella realtà storica di Gesù.

3. Una valutazione adeguata della verità del cristianesimo deve partire dal presupposto che l'accesso al *Gesù della storia* è possibile solo mediante lo studio del *Cristo della fede*, come lo troviamo nel Nuovo Testamento. Esistono dati su Gesù inseriti nella storia come fatti indubitabili. Gesù è vissuto nel tempo di Augusto e di Tiberio ed è stato condannato alla morte di croce da Ponzio Pilato, procuratore della Giudea.

Ora, gli elementi particolari della figura di Gesù sono accessibili soltanto attraverso i Vangeli: il *Gesù storico* e il *Cristo della fede* sono uniti in modo inseparabile nel cristianesimo come fenomeno religioso positivo. L'accesso alla realtà storica di Cristo è possibile soltanto mediante la constatazione della sua figura, così come ce la presenta la Scrittura: in questa figura si devono trovare i segni della credibilità della rivelazione di Dio.

Infatti, se Dio è intervenuto veramente nella realtà storica di Cristo, la figura di Cristo, proposta dalla Scrittura, deve mantenere fedelmente il contenuto e il senso della rivelazione di Dio. Dio deve avere agito in qualche modo perché la testimonianza del suo intervento nella storia abbia conservato fedelmente, fino ai nostri giorni, il contenuto e il senso della sua rivelazione nella persona di Cristo. Sarebbe impensabile che non fosse così. I segni della verità del cristianesimo devono trovarsi nella Scrittura, così come è giunta fino ad oggi attraverso la trasmissione della Chiesa.

Pertanto la valutazione della credibilità del cristianesimo non deve cominciare con la ricerca di dati nelle fonti storiche per constatare ciò che si può conoscere in modo critico sull'effettiva realtà di Gesù. In tale questione, per agire con rigore, si deve partire dal presupposto della somiglianza fondamentale tra il Gesù reale della storia e la figura di Cristo, contenuta nella fede cristiana e trasmessa dalla Chiesa. I segni della credibilità del cristianesimo si devono trovare nella figura di Cristo, oggetto della fede, il cui contenuto e la cui verità devono corrispondere fedelmente alla realtà storica di Gesù, poiché nascono da essa e in essa hanno il loro fondamento. Soltanto a partire da questo presupposto si può giustificare in modo adeguato la credibilità della fede cristiana (EMC 598-601; RD 323-326).

4. Applicazione dei criteri di valutazione

- Primo criterio: *la corrispondenza*

Nei dati della Bibbia troviamo una forte corrispondenza con i momenti del processo che hanno condotto all'affermazione razionale di Dio, come abbiamo visto in precedenza.

All'inizio del testo biblico compare l'«albero della conoscenza del bene e del male», un simbolo che ha un profondo significato: il Creatore ha posto la creazione a disposizione dell'uomo, ma gli ha proibito di mangiare il frutto dell'albero; tuttavia, *gli ha lasciato l'albero a portata di mano*.

La credibilità della figura di Cristo

Questo fatto esprime in modo forte e profondo la situazione dell'uomo di fronte a due opzioni possibili, che implicano due comprensioni diverse della realtà: l'esistenza di Dio e un mondo senza Dio. L'uomo doveva rispettare la volontà di Dio e non mangiare il frutto dell'«albero». Ma questo frutto è attraente e offre la possibilità di arrivare ad essere come un dio, e l'uomo, disobbedendo al Creatore, lo mangia. Questo è possibile perché, secondo il racconto, Dio non manifesta la sua presenza nella realtà creata e non impone la sua assoluta superiorità. Al contrario, il Creatore ha stabilito un ambito nel quale l'uomo può realizzarsi in *libertà*, e la realizzazione in libertà implica l'apertura a una possibile opzione per un «mondo senza Dio». Pertanto, secondo la fede cristiana l'uomo è inserito nella realtà e aperto a due possibilità fondamentali di comprensione globale del mondo: esistenza di Dio e mondo senza Dio. Questo ha un'evidente corrispondenza con la situazione dell'uomo di fronte all'enigma della realtà che abbiamo visto prima.

Senza dubbio, secondo il racconto biblico, l'opzione per un mondo senza Dio è peccato. Ora, dobbiamo tener presente che questa opzione sarà un vero peccato personale quando implichi il rifiuto della grazia di Dio. Inoltre, l'uomo potrà acquistare una chiara consapevolezza del suo peccato soltanto dopo l'accesso alla fede e a partire dalla prospettiva credente, proveniente dalla fede.

La comprensione biblica di Dio è in relazione anche con il conetto razionale di Dio. Infatti, Dio ha creato il mondo e il suo potere non ha limiti, ma Egli non sta *dentro* il mondo in modo manifesto: entra in relazione con l'uomo e gli promette una salvezza definitiva, poiché è giusto e misericordioso; ma è anche paradossale ed enigmatico. Il Dio d'Israele è un «Dio nascosto» (*Is* 45,15), e il credente fa la drammatica esperienza del suo silenzio.

L'intervento definitivo di Dio nella storia avviene nella persona di Gesù Cristo. Egli, che è la Parola di Dio, si è fatto *carne*, cioè è apparso nel mondo come vero uomo (*Gv* 1,14). Possedeva la condizione divina, ma è vissuto umanamente, spogliandosi della gloria divina fino al punto di essere respinto e condannato alla morte di croce. La *kenosis*, o svuotamento della gloria divina, è la condizione in cui si realizza la vita di Cristo nel mondo fino alla conclusione definitiva nella figura del Crocifisso (*Fil* 2,6-11).

Di fatto si constata una corrispondenza tra il concetto di Dio e il suo *silenzio* nel mondo, accettato sensatamente dall'affermazione razionale di Dio, e il concetto biblico di Dio e la sua rivelazione nella *kenosis* di Cristo. C'è anche una corrispondenza nella questione delle *contraddizioni* che appaiono nel concetto razionale di Dio. Infatti, l'uomo non comprende il silenzio di Dio di fronte all'indigenza e alla sofferenza dell'uomo, e conclude che il concetto di un Dio giusto e onnipotente è contraddittorio e inaccettabile. Anche Cristo è stato un segno di contraddizione. Subito dopo la sua nascita, fu predetto che lo sarebbe stato (*Lc* 2,34-35). La sua missione doveva portare benedizione e giustizia, ma alla fine ha acquistato la figura della maledizione e del peccato (cfr *Gal* 3,13; *2 Cor* 5,21), divenendo segno di contraddizione e di scandalo. Ma proprio il superamento di tale scandalo apre l'accesso alla fede in Dio, rivelato in Cristo. Paolo afferma che «i giudei chiedono segni e i greci cercano la sapienza», ma egli predica Cristo crocifisso, scandalo per i giudei e stoltezza per i pagani (cfr *1 Cor* 1,22-23); per i credenti, invece, Cristo è forza e sapienza di Dio (cfr *1 Cor* 1,24). La fede cristiana è possibile, se si superano le contraddizioni e lo scandalo implicati nella figura del Crocifisso e si riconosce la verità che scaturisce da essa. In modo simile, l'affermazione naturale di Dio è possibile razionalmente soltanto quando si scopre, in modo esplicito o implicito, il profondo significato del suo silenzio nel mondo.

Pertanto c'è una *corrispondenza* tra il contenuto della fede cristiana e gli elementi che conducono all'affermazione razionale di Dio. Ma si constata anche una notevole differenza.

- Secondo criterio: *la differenza*

La *differenza* tra la fede cristiana e l'affermazione razionale dì Dio si trova chiaramente nella radicale *novità* dell'evento di Cristo. L'intero evento include la preesistenza del Verbo, la sua incarnazione e la sua realizzazione nel mondo, vivendo una vera vita umana, la sua morte e la su resurrezione e il suo *rimanere* nella comunità dei suoi discepoli. La fede cristiana afferma che Cristo è Figlio di Dio, e nello stesso tempo vero uomo, che è morto crocifisso e ha vinto la morte, e che è stato costituito da Dio Signore di tutte le cose. In questi elementi la fede cristiana *va oltre* il contenuto dell'affermazione razionale di Dio e della religiosità naturale, ponendo chiaramente una notevole differenza.

La credibilità della figura di Cristo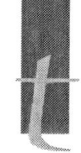

- Terzo criterio: *i segni straordinari*

I Vangeli attribuiscono a Cristo molte azioni straordinarie, che si possono comprendere come *segni di soprannaturalità*. Il testo deve essere considerato la testimonianza valida dei miracoli di Gesù e della convinzione dei discepoli di essere i testimoni della risurrezione del Maestro. Secondo il racconto, Gesù ha guarito malati e ha liberato indemoniati, ha risuscitato morti e ha dominato le forze della natura e, soprattutto, i discepoli testimoniano che lo hanno visto vivo dopo la sua morte. Queste azioni straordinarie possono essere considerate *soprannaturali*, perché non hanno una spiegazione naturale ragionevole. Ma non sono azioni che possiedono una condizione soprannaturale tale da *imporsi* da sé ai presenti; nel racconto evangelico, la reazione fu spesso di scetticismo e di rifiuto. Le azioni straordinarie di Gesù non sono state segni *impositivi*.

- Quarto criterio: *i segni straordinari non sono impositivi*

Secondo i Vangeli, Cristo ha dato indicazioni chiare della presenza del potere di Dio nelle sue azioni, ma non ha preteso di presentarle come manifestazioni divine evidenti. La sua predicazione e le sue azioni straordinarie non hanno mai cercato di ottenere il consenso dei presenti mostrando una irresistibile superiorità. Al contrario, Cristo nelle sue azioni e nelle sue parole ha mostrato sempre un sincero rispetto della libertà dei suoi interlocutori. Proprio per questo i miracoli di Gesù hanno potuto essere interpretati male e sono stati anche negati come segni della manifestazione di Dio; ma non sono stati posti in dubbio come effettivi fatti straordinari. Alcune persone che assistevano al dramma del Golgota dicevano: «Ha salvato altri e non può salvare se stesso![...] Scenda ora dalla croce e crederemo in lui» (*Mt* 27,42). Qui si riconosce che sono avvenute azioni straordinarie in favore di «altri» e si esige un nuovo fatto meraviglioso, straordinario e definitivo, che però non avviene. Le azioni straordinarie di Gesù non pretendevano di imporsi alla libera volontà dell'uomo, e non avevano mai un carattere *impositivo*.

Fatto sta che la figura di Cristo crocifisso ha una profonda corrispondenza con il fatto naturale del silenzio di Dio nel mondo, sebbene lo superi in modo imprevedibile. Infatti possiamo affermare che la *kenosis* della Parola incarnata corrisponde al *silenzio* di Dio della religiosità naturale. Ora, la rivelazione di Dio in Cristo non soltanto non ha eliminato l'esperienza del suo silenzio, ma le ha dato una nuova e sconcertante profondità. Infatti, Dio si rivela in Cristo, e nello stesso tempo manifesta la sua rinuncia a imporre la sua presenza, rispettando l'ambito della libertà dell'uomo. Ma, inoltre, si rende chiara la radicale novità che in Cristo Dio ha condiviso pienamente l'indigenza dell'uomo fino al punto estremo di accettare una sentenza ingiusta che lo ha condannato a morire sulla croce.

In conclusione, i contenuti della fede cristiana mostrano una notevole corrispondenza con gli elementi che hanno condotto all'affermazione razionale di Dio. Ma presentano anche una grande differenza, che si manifesta soprattutto nella testimonianza evangelica delle azioni straordinarie compiute da Gesù. Queste azioni si propongono come segni della credibilità della rivelazione di Dio in Cristo. Tuttavia non hanno mai un carattere *impositivo*, non pretendono di ottenere il consenso umano richiamandosi all'attuazione di un potere soprannaturale. Le azioni straordinarie di Gesù hanno una effettiva forza di convinzione, ma sono segni che rispettano decisamente la libertà dell'uomo.

L'applicazione dei quattro criteri di valutazione al contenuto della fede cristiana, nella prospettiva della religiosità naturale, conduce a una conclusione positiva: il cristianesimo ha un contenuto razionalmente sostenibile; la fede cristiana è ragionevole.

5. L'argomento decisivo della credibilità

In precedenza abbiamo visto che l'affermazione razionale di Dio ha dovuto superare un forte ostacolo per poter essere enunciata ragionevolmente. Infatti, si è dovuto riconoscere che l'esperienza del silenzio di Dio costituisce la condizione di possibilità della realizzazione umana in libertà. Questa esperienza, che all'inizio sembrava un ostacolo insormontabile, acquista poi un profondo significato e diventa l'argomento decisivo per poter affermare ragionevolmente Dio come risposta all'enigma della realtà e come possibilità reale della salvezza definitiva dell'uomo.

La fede cristiana incontra una difficoltà in qualche modo simile, per affermare in modo ragionevole la rivelazione di Dio in Cristo: deve superare l'ostacolo della sua *kenosis*, cioè della sua vita veramente umana, spogliata della gloria divina. Certamente Gesù espresse chiaramente la convinzione di possedere una *condizione divina*. Così intesero i suoi in-

La credibilità della figura di Cristo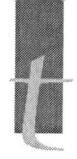

terlocutori, accusandolo di essere blasfemo e minacciandolo di lapidarlo. Alla domanda di Gesù: «Per quale di esse [le molte opere buone] volete lapidarmi?», gli risposero: «Non ti lapidiamo per un'opera buona, ma per una bestemmia: perché tu, che sei uomo, ti fai Dio» (*Gv* 10,31-33). Si è compreso che Gesù era convinto di possedere una condizione divina, ma nello stesso tempo si constata che Egli vive come un vero uomo, sprovvisto di gloria divina e condividendo effettivamente l'indigenza umana. In Lui appaiono unite la convinzione di possedere una condizione divina e la reale condizione umana, fragile e vulnerabile. E ciò costituisce ovviamente una difficoltà per la fede cristiana.

Si può pensare che il problema venga risolto con i racconti biblici delle azioni straordinarie di Gesù e, soprattutto, con la testimonianza della sua risurrezione; questo offrirebbe una sorta di prova della verità della rivelazione di Dio in Cristo. Ma questa soluzione non è convincente. Le azioni straordinarie di Gesù non furono segni di carattere *impositivo*, e la testimonianza della risurrezione – tomba vuota e apparizioni ai discepoli – è fragile e poco credibile, se le si considera *isolatamente*. Fatto sta che, per sostenere la credibilità della fede cristiana, si deve rinunciare a porre in primo piano gli avvenimenti straordinari e si deve riconoscere decisamente la forza propria della *kenosis* di Cristo, concentrata e riassunta nella figura del Crocifisso. «La persona stessa di Cristo e il suo sacrificio, collocati storicamente nella realtà, sono la vera forza che muove l'esistenza umana al riconoscimento della verità» (EMC 620).

Certamente ciò che è decisivo è l'intero evento di Cristo, che comprende preesistenza, incarnazione, passione, morte e risurrezione, glorificazione, il rimanere nella vita della Chiesa. Ora, la fede cristiana afferma che Dio si è rivelato nel mondo nella *kenosis* e nella realizzazione umana del Verbo divino, che si concluse con la croce, nella quale, secondo la concezione zubiriana della morte, Egli acquistò la sua figura *definitiva* e *definitoria*. Bisogna insistere senza dubbio sul fatto che ciò che è decisivo è l'intero evento di Cristo, il cui nucleo centrale è la rivelazione di Dio nell'incarnazione del Verbo. Ma nello stesso tempo si deve riconoscere che in tale evento il momento di credibilità più forte è la figura del Crocifisso.

Questa figura proclama che il Dio Creatore ha voluto condividere, in Cristo, la condizione della sua creatura, rispettando pienamente il più grande dono della creazione: la *libertà*. Ora, condividere la condizione umana, rispettando la libertà dell'uomo, ha avuto come conseguenza la morte di Cristo sulla croce; paradossalmente la croce di Cristo è diventata il segno decisivo della credibilità di tutto l'avvenimento della Rivelazione. Infatti, la figura del Crocifisso proclama che la definitiva e piena rivelazione di Dio all'uomo avviene nel rispetto incondizionato della sua libertà, accettando e assumendo il rischio del rifiuto e della sofferenza. Questa figura ha lasciato nel mondo una sorta di segno incancellabile e paradossale, ma deciso e pieno, dell'amore di Dio per l'uomo, e della sua promessa effettiva di salvezza definitiva.

Quello che abbiamo appena detto ha una conferma nello stesso testo dei Vangeli. Certamente la morte di Cristo è inseparabile dalla sua risurrezione; ma lo stesso Cristo ha annunciato che la sua crocifissione sarebbe stata il momento del suo ministero dotata di più forza di verità. Nel Vangelo di Giovanni Gesù ha detto: «[La vita] nessuno me la toglie: io la do da me stesso. Ho il potere di darla e il potere di riprenderla di nuovo» (Gv 10,18); ma ha indicato il significato particolare della sua morte: «Quando avrete innalzato il Figlio dell'uomo, allora conoscerete che Io sono» (*Gv* 8,28); e ha aggiunto: «E io, quando sarò innalzato da terra, attirerò tutti a me» (*Gv* 12,32). Queste parole alludono alla sua morte in croce (essere innalzato) come al momento più forte di rivelazione (attirare tutti) (cfr *Gv* 12,33). Proprio quando muore, mostrandosi debole e impotente, Gesù manifesta una forza di verità che rende più credibile la sua figura; alcune persone che assistevano alla sua morte confessavano l'inizio di una fede dicendo: «Davvero quest'uomo era Figlio di Dio!» (*Mc* 15,39; *Mt* 27,54), «Gesù, ricordati di me quando entrerai nel tuo regno» (*Lc* 23,42).

Tutto questo ci conduce alla seguente considerazione. Nel tempo passato il modo tradizionale di fondare la credibilità della fede cristiana consisteva nel porre in primo piano le azioni straordinarie di Gesù e la sua risurrezione; si credeva di poter affermare l'indiscutibile valore storico di esse, e si arrivava a concludere che si possedeva una *prova* della verità della fede cristiana; si era convinti di poter contare su segni di tipo *impositivo*. Oggi giustamente si considera che questa forma di fondare la verità del cristianesimo è insostenibile, e si segue un orientamento diverso. Si riconosce la coerenza e il significato che possono avere un'opzione atea o una agnostica, ma si afferma che il cristianesimo offre un *significato mag-*

La credibilità della figura di Cristo

giore per il fatto di sperare in una realizzazione piena dopo la morte. Tuttavia bisogna notare che una pretesa cristiana di offrire un *significato maggiore* difficilmente può essere accettata da un agnostico convinto. Un altro modo di argomentare consiste nell'invocare una *convergenza di senso*, che provenga dall'insieme degli elementi in favore di una credibilità del cristianesimo; e si fa riferimento alla vita di Gesù, alla sua risurrezione, alla vita della Chiesa. Secondo me, questa è un'argomentazione valida, ma insufficiente. In ogni caso, un'insistenza sul valore prevalente delle azioni straordinarie di Gesù può condurre ad atteggiamenti trionfalistici, persino autoritari, che oggi non sono accettabili; inoltre, significherebbe la mancanza di vera fedeltà nella trasmissione del Vangelo. Si deve abbandonare decisamente l'insistenza nelle azioni straordinarie di Gesù come «segni nei quali, per molti anni, si sono cercate erroneamente manifestazioni impositive della presenza soprannaturale di Dio» (EMC 619).

Secondo me, Javier Monserrat ha il grande merito di aver mostrato che il modo adeguato e ragionevole di fondare la credibilità della fede cristiana non consiste nell'invocare, in qualche modo, la capacità convincente delle azioni straordinarie di Gesù, ma nel riconoscere l'*emergenza* dell'argomento decisivo: la *kenosis* di Cristo e la figura del Crocifisso. In un primo momento questa figura potrà sembrare priva di forza di convinzione. Tuttavia, come abbiamo appena detto, la figura di Cristo crocifisso emerge come *argomento decisivo* della credibilità del cristianesimo: in Cristo crocifisso si uniscono inseparabilmente la pienezza della rivelazione divina e l'incondizionato rispetto di Dio per la libertà dell'uomo.

È interessante insistere ancora sulla corrispondenza tra l'esperienza umana del silenzio di Dio e la *kenosis* di Cristo. La religiosità naturale ha potuto affermare ragionevolmente Dio come risposta all'enigma della realtà riconoscendo nell'esperienza del silenzio di Dio la possibilità di una realizzazione umana in libertà. In modo simile, la fede cristiana può affermare Dio, Creatore e Salvatore, quando riconosce nella *kenosis* di Cristo, nella sua debolezza e rinuncia alla gloria divina, il segno della vera rivelazione di Dio. Nella vera condizione umana di Cristo appare chiaramente che Dio si è rivelato senza imporre la sua Verità, non ha voluto mostrare la sua superiorità, ha condiviso pienamente la fragilità e la povertà dell'uomo, e gli promette una salvezza definitiva. In Cristo Dio rivela la sua Parola definitiva, rispettando la libertà dell'uomo e introducendo nella storia il segno incancellabile della sua Verità: la figura del Crocifisso.

La *kenosis* di Cristo, che supera e approfondisce in modo imprevedibile l'esperienza umana del silenzio di Dio, è inseparabile dalla sua risurrezione. In Cristo morte e risurrezione sono due momenti di un unico evento. La morte in croce è la conclusione della sua realizzazione umana e avviene nella storia del mondo; la risurrezione, invece, avviene nell'ambito della vita di Dio. La risurrezione annuncia certamente che Gesù continua a vivere e ha vinto la morte; ma il messaggio della risurrezione di Cristo non è che *il Crocifisso è stato salvato*, bensì che *il Salvatore è stato crocifisso*, cioè che il Verbo incarnato è stato fedele alla volontà di Dio di vivere una vera avventura umana sino alla fine. In ogni caso, morte e risurrezione di Cristo sono inseparabili e costituiscono un unico evento. Monserrat dice che in questo evento si manifesta una «forza traboccante e attrattiva della verità. [...] Il mistero di Cristo è un approfondimento traboccante dell'unico possibile senso teologico della realtà [...]; [in esso] l'amore di Dio giunge alla *kenosis* per la pienezza dell'uomo. Di fronte al mistero di Cristo l'uomo [...] sente traboccare in profondità [...] la possibile e unica coerenza teologica della realtà» (EMC 621).

In conclusione, il vero fondamento della credibilità della fede cristiana non si trova nei segni straordinari e soprannaturali, come la risurrezione. Il fondamento decisivo si trova nella «forza abissale della stessa debolezza di Cristo crocifisso [...]; nella stessa croce di Cristo si radicherà la vera forza della coerenza cristiana». La *kenosis* di Cristo emerge come il segno decisivo della verità del cristianesimo.

Per questo l'uomo può considerare credibile la fede cristiana riconoscendo la corrispondenza che c'è tra la struttura dell'affermazione razionale di Dio (inserimento nella realtà e spiegazione del suo enigma, senso del silenzio di Dio, esperienza religiosa) e il contenuto essenziale del cristianesimo (inserimento dell'uomo nella realtà creata, *kenosis* di Cristo, testimonianza interiore dello Spirito). Tuttavia la ragione può constatare che il contenuto della fede cristiana non è la pura espressione di quella struttura, poiché include segni propri di soprannaturalità. Ma questi non sono impositivi. Quindi, la valutazione del cristianesimo deve essere positiva.

La credibilità della figura di Cristo

Ora, la conclusione in favore del cristianesimo, basata su argomenti razionali, può avere soltanto una certezza morale. L'affermazione cristiana di Dio non elimina la possibilità di un'opzione razionale per un mondo senza Dio. Ciò nonostante, il riconoscimento e l'affermazione della verità del cristianesimo appaiono ora come l'opzione più coerente. È ragionevole accettare che l'origine del cristianesimo risieda in un vero intervento di Dio nella storia.

B. La fede cristiana

Abbiamo descritto il processo razionale che conduce all'incontro dell'uomo con la figura di Cristo. Abbiamo fatto anche una valutazione della sua credibilità come rivelazione di Dio nella storia con un risultato positivo, e abbiamo constatato che l'argomento decisivo è la *kenosis* di Cristo, per la sua corrispondenza con il fatto del silenzio di Dio nel mondo e il superamento abissale dello stesso. La *kenosis* è un elemento particolare dell'intero evento di Cristo, ma ha un significato speciale: si concretizza nella figura del Crocifisso, e proprio il riconoscere la verità di Cristo crocifisso e appropriarsi di essa come possibilità di realizzazione costituisce il nucleo essenziale della fede cristiana.

1. L'inizio della fede

Ricordiamo che, secondo la filosofia zubiriana, l'apprensione della realtà è il primo modo dell'attività dell'intelligenza, anteriore all'attività affermativa; nell'apprensione la cosa reale si rende attuale, e l'attualità della realtà ha la propria verità reale. Inoltre, la realtà umana si realizza in un processo di configurazione che in ogni momento ha una concreta attualità, che è la figura o Io della realtà umana; la configurazione della realtà umana si conclude nel momento della morte, nel quale acquista la figura *definitiva* e *definitoria*.

Ora, l'*apprensione* della realtà di Cristo, accessibile per mezzo dei Vangeli, costituisce l'*inizio* della fede cristiana. L'apprensione credente è *anteriore* all'affermazione di fede, e significa l'accoglienza della figura di Cristo e della sua verità reale così come la presentano i Vangeli. Zubiri dice che il tema dei Vangeli è l'*Io* di Cristo (C 271), e questo significa che nel testo evangelico troviamo momenti della realizzazione umana di Cristo, che è avvenuta in un processo di configurazione, la cui conclusione è stata la morte in croce. Il processo di configurazione si concretizzava in ogni momento in una figura dell'Io, che nella morte ha acquistato la figura definitiva e definitoria.

L'apprensione o accoglienza della figura di Gesù ci pone davanti a un dilemma. La figura è veramente umana, ma porta con sé la decisa testimonianza di possedere una condizione divina (cfr *Gv* 5,18; 10,33; 14,9-10). L'inizio della fede cristiana è proprio il riconoscimento della verità di tale testimonianza e la confessione della condizione divina di Gesù: nella sua realizzazione umana è avvenuta la Rivelazione di Dio nel mondo. I momenti iniziali della fede sono tre: apprensione della realtà, riconoscimento della sua verità, affermazione di fede.

Possiamo vedere un esempio significativo dell'inizio della fede nella confessione del centurione di fronte alla morte di Gesù. Il testo dice che «visto ciò che era accaduto, il centurione dava gloria a Dio dicendo: "Veramente quest'uomo era giusto"» (*Lc* 23,47). Possiamo distinguere il momento di *apprensione* della realtà della morte di Cristo («visto ciò che era accaduto»), che implica il riconoscimento della sua *verità*, e la *confessione di fede*, che nasce da tale riconoscimento: «Quest'uomo era giusto». Se si afferma che quell'uomo era giusto, si accetta come vera la sua testimonianza di possedere una condizione divina.

Prima di qualsiasi tipo di affermazione o confessione credente, la fede ha il suo inizio nell'apprensione della realtà della figura di Cristo e nel riconoscimento della sua verità. In questa apprensione originaria, l'intelligenza diventa intelligenza credente, e avviene il principio della fede, origine e fondamento di qualsiasi altra attività cristiana. La fede inizia nell'atto di riconoscere il pieno intervento di Dio nella realtà storica di Cristo, e in particolare nel sacrificio della sua vita nella morte in croce.

Il riconoscimento della verità della figura di Cristo dà accesso alla verità del suo intero evento: la figliolanza divina, l'incarnazione, la risurrezione e la glorificazione. Il mistero di Cristo si apre in tutta la sua profondità all'intelligenza credente. Ma ciò che è decisivo è riconoscere la verità della figura del Crocifisso e il potere salvifico della sua morte, che dà accesso al mistero salvifico di Dio. Il Nuovo Testamento lo afferma decisamente. Nelle Lettere paoline leggiamo che Dio ci ha giustificati e riconciliati «per mezzo della morte del suo Figlio», «per mezzo del suo sangue» (*Rm* 5,9-10), «per mezzo della croce» (*Ef* 2,16), «con il sangue della sua croce» (*Col* 1,20). Il fondamento essenziale del cristianesimo «è il contenuto stesso del mistero traboccante e attraente del sacrificio di Cristo» (EMC 620; cfr RD 352).

La fede nel potere salvifico della morte di Cristo significa anche la comprensione della risposta all'enigma della realtà e l'orientamento dell'esistenza umana verso una salvezza e realizzazione definitiva.

2. Coerenza razionale della fede cristiana

La fede cristiana ha una coerenza razionale. Per mostrarlo, dobbiamo ricordare quanto è stato detto precedentemente sull'affermazione di Dio a partire dalla religiosità naturale. Infatti, l'uomo può affermare con coerenza sufficiente che Dio è la risposta all'enigma della realtà, se riconosce il senso del suo silenzio nel mondo come la condizione necessaria per la realizzazione umana in libertà. L'esperienza del silenzio di Dio e della scoperta del suo significato sono fondamentali come criterio d'interpretazione per riconoscere la coerenza razionale del cristianesimo.

Il contenuto dell'affermazione cristiana di fede include l'intero evento di Cristo, a partire dalla preesistenza fino alla glorificazione. Ma in precedenza abbiamo visto che il momento decisivo, la cui forza di verità si estende all'intero evento, è la *kenosis* di Cristo, concentrata nella figura del Crocifisso. Questa figura proclama che la rivelazione di Dio in Cristo rispetta incondizionatamente la libertà umana. Quando la fede cristiana riconosce Dio come Creatore e Salvatore, lo fa con *coerenza razionale*, se fonda la sua credibilità nella figura di Cristo crocifisso, nella quale Dio si rivela senza mostrare una opprimente superiorità e senza imporre la sua Verità. Nella realizzazione umana di Cristo, incentrata nella sua conclusione sulla croce, Dio si rivela con forza sufficiente per essere riconosciuto per mezzo della fede, ma si manifesta senza un carattere impositivo, che sarebbe distruttivo per la libertà dell'uomo. La decisa affermazione che la Rivelazione divina in Cristo rispetta pienamente la libertà dell'uomo è l'argomento decisivo in favore della coerenza razionale del cristianesimo.

Pertanto la *kenosis* di Cristo corrisponde all'esperienza del silenzio di Dio nella religiosità naturale, che costituisce proprio il criterio adeguato per riconoscere la credibilità della fede cristiana. Ma questa esperienza naturale è oltrepassata in modo abissale e impensabile dalla figura del Crocifisso, davanti al quale l'uomo può comprendere di trovarsi davanti a «una espressione traboccante del senso teologico della realtà» (EMC 621).

Le azioni straordinarie di Gesù e la testimonianza della sua risurrezione contribuiscono anche alla coerenza razionale dell'affermazione cristiana di fede. Secondo i Vangeli, Cristo ha dato segnali del suo potere sulle forze della natura, della capacità di rimediare all'indigenza umana e del suo potere sulla morte. Questi segnali possono essere considerati segni del soprannaturale, perché non hanno un'adeguata spiegazione naturale. Tuttavia, il segnale soprannaturale decisivo sta nel mistero insondabile di Cristo crocifisso, che «colloca l'uomo davanti all'esperienza del segno soprannaturale dell'evento cristiano» (621). Il vero *segno soprannaturale* del cristianesimo è la figura del Verbo incarnato che muore sulla croce.

3. *La fede, atto libero*

La coerenza razionale della fede cristiana non dà al credente una certezza assoluta della verità della sua fede, poiché manca di argomenti *impositivi*. Abbiamo insistito sul fatto che l'argomento decisivo della credibilità della fede cristiana – la figura di Cristo crocifisso – ha forza di verità ed è convincente, ma nello stesso tempo rispetta pienamente la libertà dell'uomo. L'insieme degli argomenti in favore dell'opzione credente fornisce soltanto una certezza che non si impone e non elimina la libertà dell'opzione, come avverrebbe se si trattasse di una certezza razionale assoluta, che sarebbe necessariamente impositiva. La coerenza che abbiamo constatato fornisce soltanto una *certezza morale*, sufficiente perché l'opzione credente sia ragionevole, ma che non esclude altre opzioni, che essa considererebbe erronee, come l'opzione agnostica o atea. Queste continuano a essere possibili come opzioni razionali, poiché conservano una coerenza sufficiente. Pertanto l'opzione cristiana della fede è *libera*, perché gli argomenti in suo favore non si basano su segni che pretendono di imporsi: sono argomenti che suscitano l'opzione e la giustificano, ma non l'impongono. La figura del Crocifisso è un segno rivelatore, ma non è un segno *impositivo*. La fede cristiana è un'*opzione razionale libera*.

4. *La fede, grazia di Dio*

La credibilità del cristianesimo ha in proprio favore argomenti razionali: la corrispondenza della *kenosis* di Cristo con l'esperienza del silenzio di Dio, la risposta all'enigma della realtà, la speranza della salvezza definitiva dell'uomo. Assieme a questi argomenti, nell'opzione di fede interviene anche l'azione dello Spirito, che dà una testimonianza interiore a favore della verità degli argomenti razionali, e in particolare a favore della verità della figura di Cristo. L'azione dello Spirito può essere accolta o respinta, ma, se è accettata, reca al credente un momento di *certezza assoluta* della verità della sua fede. Questa certezza è possibile soltanto per la testimonianza interiore dello Spirito di Verità (cfr *Gv* 16,13), che è un'esperienza interiore e strettamente personale. Ora, sia l'azione dello Spirito sia la certezza che essa reca, in quanto tali, sono interiori e incomunicabili; non possono diventare argomento di un discorso razionale; di esse si potrà dare soltanto una testimonianza, che sarà più o meno convincente, e potrà essere accolta o respinta.

L'azione interiore dello Spirito è un dono di Dio, e la sua accoglienza è un momento decisivo nell'opzione di fede e nella vita cristiana. Per questo la fede non è soltanto razionale e libera, ma è anche *grazia*, dono di Dio.

In conclusione, la fede cristiana è razionale, perché ha un fondamento razionale sufficiente, che può fornire una certezza morale, in quanto non è impositivo, rispetta la libertà dell'uomo e non si impone alla ragione. Per questo la fede è razionale e libera. Inoltre, nell'opzione credente interviene l'azione interiore dello Spirito, che non è razionalmente tematizzabile, ma consente di raggiungere una certezza assoluta della fede. Perciò la fede è razionale e libera e, nello stesso tempo, è *grazia*, dono di Dio.

La fede è *razionale* per il suo fondamento; è *libera* perché il fondamento porta soltanto una certezza morale; ed è anche *grazia*, perché in essa interviene l'azione interiore dello Spirito, che dà una testimonianza interiore della Verità e rende possibile un momento personale di certezza assoluta della verità della propria fede.

5. *Fede e atteggiamento teologico*

L'inizio della fede cristiana non consiste in un atto di affermazione o confessione di fede. Esso consiste in un atto di apprensione della realtà di Cristo e di riconoscimento della sua verità reale, come abbiamo visto in precedenza. La verità della realizzazione umana del Verbo incarnato, che termina con la Croce, apre l'accesso al contenuto dell'intero evento di Cristo, dalla figliolanza divina prima dell'origine del mondo all'incarnazione e alla vita terrena, fino alla glorificazione come Signore di tutte le cose.

La confessione di fede è un momento *ulteriore* rispetto a quello iniziale ed è inseparabile da esso. La confessione credente esprime la dimensione *teologale* della fede, e dà origine all'*atteggiamento teologico*, che vuole constatare ed esporre il contenuto della fede. La fede è razionale, perché ha un fondamento basato su argomenti razionali; ma è teologica per il suo contenuto, che corrisponde all'intero evento di Cristo. L'inizio dell'espressione teologica cristiana sarà proprio affermare la verità della condizione divina della figura umana di Gesù e, in concreto, confessare che nella vita di Gesù nel mondo si attualizza non soltanto la sua realtà umana, ma anche la realtà divina del Verbo incarnato.

Pertanto la fede è *razionale* per il suo fondamento e *teologica* per il suo contenuto, e dà origine all'atteggiamento teologico cristiano. La teologia *fondamentale* deve confermare la fede personale e mostrare che è stata possibile grazie alla fede della Chiesa. La teologia *dogmatica* deve esporre il contenuto della fede con l'atteggiamento critico e la precisione possibili.

6. *Fede personale e fede della Chiesa*

Finora abbiamo considerato la fede cristiana unicamente in quanto processo personale individuale. Ora, la fede personale è necessariamente in riferimento alla fede della Chiesa. Infatti, l'attività teologica cristiana, che ha la sua origine nell'opzione credente, deve cominciare con il riconoscere che la fede personale è stata possibile grazie ad alcune determinate condizioni che nascono dalla vita di fede della Chiesa. Il tema della teologia fondamentale è quello di studiare le condizioni che rendono possibile la fede personale.

La prima di queste condizioni da considerare è l'argomento decisivo che rende ragionevole l'opzione credente: la figura di Cristo, a cui si può accedere soltanto attraverso la *Scrittura*, ispirata da Dio (*Ispirazione*) e conservata e trasmessa dalla Chiesa (*Tradizione*). L'uomo può accedere al contenuto essenziale del cristianesimo soltanto attraverso la Scrittura, così come è stata trasmessa fino ai nostri giorni.

La fede nella verità della figura di Cristo significa riconoscere nella sua realtà storica la rivelazione di Dio (*Rivelazione*). Ora, se Dio è intervenuto veramente nella realtà storica di Gesù, sarà intervenuto anche nella trasmissione fedele dell'evento di Cristo con un'assistenza speciale data alla Chiesa; questo implica l'accettazione della corrispondenza fondamentale

La credibilità della figura di Cristo

tra la figura di Cristo nella Scrittura e la realtà storica. La trasmissione orale e scritta si deve essere sviluppata con la fedeltà sufficiente all'avvenimento storico iniziale, e Dio sarà intervenuto perché sia stato così. Non si può immaginare che sia avvenuto diversamente. Riconoscere la verità della figura di Cristo implica il riconoscimento dell'*ispirazione* della Scrittura e dell'*assistenza dello Spirito* nella sua trasmissione nel corso dei secoli.

La fede personale deve riconoscere che la Chiesa, nonostante i suoi errori e peccati, ha trasmesso fedelmente il contenuto essenziale del cristianesimo: la figura di Cristo e il suo intero evento. Così si mantiene viva la possibilità della fede cristiana attraverso i tempi.

Conclusione

L'uomo incontra il cristianesimo come fatto positivo e constata che la figura di Cristo crocifisso à la chiave della sua credibilità. La figura del Crocifisso è inseparabile dalle azioni straordinarie di Gesù e dalla sua risurrezione, ma costituisce l'argomento decisivo della credibilità della fede cristiana. Morte e risurrezione di Cristo sono due momenti di un unico evento, sono inseparabili. Proprio il messaggio della risurrezione non dice che il Crocifisso è stato salvato, ma che il Salvatore è stato crocifisso; che il Verbo incarnato salva l'uomo perché ha vissuto veramente una vita umana sino alla fine. La forza della Verità della figura di Cristo in croce si estende al suo intero evento, e al mistero di Dio come risposta all'enigma della realtà e fonte di speranza nella realizzazione piena e definitiva dell'uomo. La fede cristiana ha un fondamento razionale, che non fornisce sicurezze assolute, ma che la giustifica come opzione coerente e ragionevole. Il credente raggiunge la certezza assoluta della verità della fede quando al fondamento razionale si unisce l'esperienza interiore dello Spirito, che è lo Spirito della Verità e dà una testimonianza interiore in favore della verità dell'evento di Cristo.

L'esposizione che abbiamo fatto finora, seguendo il pensiero di X. Zubiri e J. Monserrat, presenta cose che hanno una particolare novità, come la filosofia della realtà (Zubiri) e la fondazione della credibilità della fede cristiana (Monserrat). Queste cose indicano la necessità e la possibilità di un *nuovo paradigma* del pensiero cristiano, che corrisponda alla comprensione attuale del mondo e dell'uomo. Resta da vedere se la proposta che nasce dal pensiero di Zubiri e di Monserrat, ha una forza di convinzione sufficiente. In ogni caso, essa può aiutare il cristiano a rafforzare la sua convinzione di fede nel mondo di oggi.

Appendice 3

Limiti nella comprensione della «kenosis»

Abbiamo visto che la *kenosis* di Cristo è un elemento decisivo nella fondazione razionale della fede cristiana. Ma la comprensione della *kenosis* ha i suoi limiti.

In primo luogo, non si può intendere la croce di Cristo come un modo di umiliare la pretesa della ragione umana. Così si può intendere l'azione di Dio che costituisce come Messia un crocifisso. Sarebbe qualcosa di incomprensibile, a cui la ragione si dovrebbe sottomettere[1]. Nella nostra esposizione la croce di Cristo appare come il segno razionale decisivo della credibilità della fede cristiana. Ma il fatto che essa sia qualcosa che supera il modo umano di pensare non significa che sia *irrazionale*; al contrario, è il momento dell'intervento di Dio che possiede maggiore forza di verità: Dio si rivela all'uomo rispettando pienamente la sua libertà.

Neppure si può ammettere la comprensione della *kenosis* come uno «svuotarsi» fino al punto di fare di Cristo un vero *peccatore*. Questa sarebbe un'interpretazione di 2 Cor 5,21: «Dio lo fece peccato in nostro favore». Il tema di Cristo peccatore si trova nella teologia evangelico-luterana. Si parla di peccato in un senso *forense*, che riguarderebbe la relazione con Dio. M. Lutero dice, parlando di Cristo: «Sentì a tal punto l'ira di Dio, da essere quasi abbandonato da Dio e da soffrire a causa dell'ira di Dio» (WA 40, III, 716, 1-5); e anche: «Ma questa passione mostra anche con assoluta certezza che egli era nell'odio di Dio» (716, 29-31). Secondo il Riformatore, la difficoltà della questione troverebbe una soluzione nell'affermazione: «Cristo è al tempo stesso sommamente giusto e sommamente peccatore (simul Christum summe iustum et summe peccatorem)» (WA 5, 602, 32; 603, 3)[2].

---

[1] Cfr R. BULTMANN, *Theologie des Neuen Testament*, Tubinga, 1977[7], 300-306.
[2] Si veda su questo tema: J. M. MILLAS, *Pecado y existencia cristiana*, Barcellona, 1989, 357-362.

La credibilità della figura di Cristo

Certamente l'espressione «Lo fece peccato in nostro favore» (*2 Cor* 5,21) è estremamente enigmatica, ma ha una spiegazione plausibile, se la si interpreta assieme all'affermazione simile della Lettera ai Galati, in cui si dice che Cristo «è diventato maledizione per noi» (*Gal* 3,13). C'è una somiglianza nella struttura delle due espressioni. In un caso, Cristo è stato fatto peccato perché noi giungessimo a essere giustizia di Dio; nell'altro, Cristo è diventato maledizione perché noi possedessimo «la benedizione di Abramo» (*Gal* 3,14). Nel secondo caso, la frase contiene una citazione dell'Antico Testamento, che è la chiave per l'interpretazione corretta; afferma che Cristo è giunto a essere maledizione perché la Scrittura dice: «Maledetto chi è appeso al legno» (*Gal* 3,13, che fa riferimento a *Dt* 21,23). Pertanto Cristo è diventato maledizione perché è appeso al «legno», cioè alla croce, e secondo l'Antico Testamento chi finisce in questo modo è un maledetto. Questa spiegazione va applicata anche al primo caso, sebbene esso non contenga la citazione dell'Antico Testamento. Cristo ha preteso di avere un'uguaglianza singolare con Dio; per questo è stato accusato di aver bestemmiato ed è stato condannato. Secondo l'Antico Testamento, chi pretende di essere come Dio e per questo è condannato, è dichiarato peccatore dalla Legge, «è stato fatto peccato». Ma, nel caso di Cristo, ciò che avviene è che la Legge perde la sua forza, poiché Egli è il Giusto, in cui si compie ciò che è stato annunciato nell'Antico Testamento.

È anche problematico dire che, per salvare l'uomo e come forma più radicale di amore, nella morte di Cristo «si realizza questo porsi di Dio contro se stesso» (*Deus caritas est*, n. 12). È infausto vedere un momento di «porsi contro se stesso» nell'amore che Dio ha per l'uomo (una cosa diversa è correre rischi mortali per amore).

È ambigua e impenetrabile una comprensione della solidarietà di Gesù con i peccatori che includerebbe una separazione di Dio e un abbandono nella morte, che avrebbe condotto ad avere un'esperienza del peccato fino al punto di sperimentare la condizione del condannato (von Balthasar).

Finalmente, non può accettarsi l'interpretazione della morte di Cristo come necessaria per dare *soddisfazione* ad un Dio offeso.[3] Così potrebbero essere capite alcune affermazioni del Nuovo Testamento, come, per

---

[3] Cfr J. Solano, *Sacrae Theologiae Summa* III, Madrid 1961, 4ª ed., 277s.

esempio, quando dice che Dio "consegnò" suo Figlio per noi (*Rm* 8, 32; *Jn* 3, 16). Tale comprensione, però, suppone crudeltà in Dio; infatti, avrebbe disposto la sofferenza di un innocente per compensare l'offesa ricevuta. L'interpretazione adeguata e accettabile vede nella morte di Cristo la conseguenza di avere assunto davvero la condizione umana. Cristo ha dato la testimonianza giusta della verità senza proteggersi con azioni straordinarie e accettando con tutte le conseguenze il rischio d'essere respinto e condannato. Una cosa molto diversa è l'applicazione a Cristo di affermazioni profetiche sul rifiuto e la sofferenza del Giusto, fedele alla sua missione fino alla fine, e per ciò motivo di salvezza per gli altri. Secondo il vangelo di Matteo, lo stesso Gesù ha fatto un annunzio profetico sulla sua morte nella parabola dei vignaioli omicidi (*Mt* 21, 33 – 43). Il padrone della vigna invia il figlio, dicendo: "Avranno riguardo per mio figlio!". Ma i vignaioli lo uccisero.

CAPITOLO 5

VERSO UN NUOVO PARADIGMA DEL PENSIERO CRISTIANO?

Nel capitolo precedente abbiamo trattato della credibilità della figura di Cristo. Abbiamo visto che essa è convincente, senza imporre la sua verità: non è *impositiva*. Proprio il momento culminante della Rivelazione in Cristo si verifica nella debolezza della figura del Crocifisso, nella quale si conclude la realizzazione umana del Verbo incarnato.

L'esposizione della credibilità di Cristo ha manifestato la necessità di un rinnovamento o cambiamento in quello che possiamo chiamare il «paradigma» del pensiero cristiano. Questo viene detto e giustificato da Javier Monserrat, membro del *Seminario Xavier Zubiri*, nella sua opera *Hacia el Nuevo Concilio* (HNC).

Per *paradigma* si intende l'insieme degli elementi concettuali che offrono il quadro di riferimento nell'esposizione e nello sviluppo coerente di un settore della conoscenza scientifica (HNC 147 s). Monserrat applica questo concetto al pensiero cristiano e afferma che uno dei problemi più seri della Chiesa cattolica nel mondo attuale è la dipendenza della sua riflessione filosofica e teologica da un paradigma che si è formato progressivamente nell'incontro secolare della fede cristiana con il suo contesto sociale e culturale. L'ambito culturale nel quale si è sviluppato il cristianesimo ha avuto, per molto tempo, la sua espressione più ragionevole e coerente nella filosofia greca: il platonismo e il neoplatonismo all'epoca dei Padri della Chiesa, e l'aristotelismo nella Scolastica. San Tommaso realizzò un sistema filosofico-teologico introducendo nella teologia elementi della filosofia di Aristotele, e questo sistema continua a essere anche oggi un riferimento valido (cfr 155-177).

Ora, la permanenza della sintesi tradizionale suscita problemi. Nell'epoca attuale la conoscenza umana è determinata dalla scienza e ha una comprensione del mondo e dell'uomo diversa da quella che aveva la filosofia greca. Certamente il cristianesimo deve conservare fedelmente la sua identità originale e salvaguardare i contenuti essenziali della fede nei mutamenti culturali che necessariamente avvengono, ma è necessario conservare gli elementi della filosofia greca, che il pensiero cristiano ha assunto nel corso dei secoli e che oggi contrastano in modo evidente con la comprensione attuale del mondo e dell'uomo? La sintesi tradizionale dà sicurezza in quanto offre una sintesi di fede e cultura. Ma si tratta di una cultura che appartiene al passato, e i cambiamenti nel modo di pensare e di comprendere le cose sono così radicali che diventa inevitabile prospettare la convenienza, o la necessità, di un nuovo paradigma del pensiero cristiano (cfr 201-215).

È sintomatico e significativo ciò che accadeva in un centro ecclesiastico di formazione filosofica e teologica poco dopo la conclusione del Concilio Vaticano II. Gli studenti più preparati si ponevano la seguente domanda: «Se san Tommaso ha fatto una sintesi del cristianesimo e di Aristotele, perché non dovrebbe essere possibile una sintesi del cristianesimo e di Marx?». Senza dubbio questa alternativa crea problemi, ma è evidente che quegli studenti, dotati di una buona formazione umanistica, intuivano che la sintesi del cristianesimo e della filosofia greca, proposta dai loro professori, era qualcosa del passato e conveniva intraprendere un rinnovamento proponendo un'alternativa adeguata all'epoca attuale.

Anche Giovanni Paolo II ebbe un'intuizione simile a quella di quegli studenti. Sebbene il Papa manifestasse spesso un orientamento legato alla sintesi tradizionale, in una lettera inviata al gesuita John Coyne, direttore della Specola Vaticana, scrisse:

«L'ilemorfismo della filosofia naturale di Aristotele fu adottato dai teologi medievali perché li aiutava ad esplorare la natura dei sacramenti e l'unione ipostatica. Questo non significava che la Chiesa ritenesse vera o falsa l'intuizione di Aristotele, trattandosi di materia fuori della sua competenza. Significava solo che questa era una delle ricche intuizioni offerte dalla cultura greca, che essa aveva bisogno di essere capita, presa sul serio e messa alla prova per la sua capacità di gettar luce in vari campi della teologia. I teologi in rapporto alla scienza di oggi, alla filosofia e ad altri campi del conoscere, possono ben chiedersi se, anche essi, così come

Verso un nuovo paradigma del pensiero cristiano?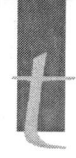

fecero questi maestri medievali, hanno saputo compiere un simile, così difficile processo. [...] Proprio come la filosofia aristotelica, per il tramite di eminenti studiosi come san Tommaso d'Aquino, riuscì finalmente a dar forma ad alcune delle più profonde espressioni della dottrina teologica, perché non potremmo sperare che le scienze di oggi, unitamente a tutte le forme del sapere umano, possano corroborare e dar forma a quelle parti della teologia riguardanti i rapporti tra natura, umanità e Dio?»[1] (HNC 221s).

Gli studenti di quel centro ecclesiastico e la lettera di Giovanni Paolo II hanno in comune la convinzione che la sintesi tradizionale del cristianesimo e della filosofia greca oggi sia insufficiente e pensano alla possibilità di un'alternativa valida per i tempi attuali.

È interessante notare un'altra alternativa che attira oggi gli studenti di teologia: fare teologia «senza filosofia»: basterebbe concentrarsi nello studio della Sacra Scrittura e degli altri autori cristiani e prescindere dalla filosofia. Ma può essere un'alternativa giusta voler proclamare il messaggio cristiano ignorando la comprensione attuale del mondo e dell'uomo? Inoltre, non c'è, almeno implicitamente, una comprensione del mondo e dell'uomo nello stesso messaggio cristiano originale, sorto nell'ambito culturale ebraico? (207).

È un dato di fatto che il cristianesimo ha assunto elementi della filosofia greca e ha raggiunto una sintesi filosofico-teologica valida fino ai nostri giorni. Cresce la consapevolezza che è difficile mantenerla. Tuttavia, la sintesi tradizionale rimane come la migliore esposizione sistematica del pensiero cristiano, con i concetti essenziali che costituiscono il suo *paradigma*.

In questo capitolo presentiamo alcuni punti dell'alternativa proposta da J. Monserrat al paradigma tradizionale. Innanzitutto vedremo elementi di questo paradigma, e poi illustreremo i concetti che possono contribuire alla formazione di un nuovo paradigma. Occorre osservare che il paradigma tradizionale non si conserva in modo omogeneo nel pen-

---

[1] Lettera di Giovanni Paolo II a p. George V. Coyne, direttore della Specola Vaticana, 1° giugno 1988, in www.vatican.va

siero cristiano attuale: molti autori non lo condividono, sebbene non sembri che, per il momento, sia apparsa un'alternativa adeguata. Siamo d'accordo con Monserrat quando osserva che la posizione ufficiale della Chiesa cattolica corrisponde spesso alla sintesi tradizionale e al suo paradigma (cfr HNC 207-214).

A. Elementi del paradigma tradizionale

1. *Intelligenza e fede*

Il pensiero cristiano è convinto sin dall'inizio che l'intelligenza umana ha una propria *autonomia*, ha la capacità di indagare le questioni che gli si presentano e può raggiungere risultati che esprimono la verità delle cose. L'intelligenza è un dono del Creatore, e un'attività razionale retta e giusta si orienta verso la verità e deve trovare la sua pienezza nella Rivelazione realizzata in Cristo. La fede cristiana, da parte sua, trova la verità nell'adesione alla proclamazione del mistero di Cristo, riconosce l'esigenza di condurre una vita conforme alla volontà di Dio e ha la speranza di una salvezza definitiva. Con il passar del tempo, il pensiero cristiano è diventato sempre più esplicitamente consapevole del fatto che il Dio rivelato in Cristo è il Creatore del mondo e dell'uomo, e che la capacità umana di cercare e trovare la verità è un dono di creazione che non è stato completamente rovinato dal peccato. I risultati dell'attività dell'intelligenza umana possono essere accettati dalla fede cristiana e integrati nella sua esposizione teologica. Sarà necessario il discernimento, ma si dovranno riconoscere i «semi della Parola divina» nella cultura nella quale il cristianesimo si diffonde e si estende. Questa idea si trova nell'apologista san Giustino (HNC 156-158; 197).

Presto sono apparsi autori cristiani che nelle loro opere manifestavano la convinzione, più o meno esplicita, che i risultati della ragione e i contenuti della fede fossero compatibili e che ci dovesse essere un'armonia tra loro. La cultura greco-romana ha costituito per secoli il massimo livello raggiunto dal pensiero umano e ha influito in modi diversi sul pensiero cristiano, mentre iniziava il tentativo di sintesi di elementi della cultura e dati della fede (200).

Nei Padri della Chiesa e nella teologia scolastica troviamo una esposizione della fede fatta a partire da un preciso vissuto credente, e nello stesso tempo guidata dalla convinzione che l'aspetto positivo e autentico

Verso un nuovo paradigma del pensiero cristiano?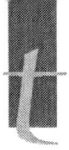

del pensiero umano è orientato verso i contenuti della fede cristiana e trova in essi la sua pienezza. Si segnalano, per la loro grandezza come pensatori e come credenti, sant'Agostino e san Tommaso. Le loro opere offrono una esposizione della fede cristiana usando elementi della filosofia greca. Il valore di questa sintesi è indiscutibile e si conserva giustamente fino ai nostri giorni (160-163; 169-173).

La sintesi tradizionale si è realizzata integrando elementi della cultura nella spiegazione dei dati della fede. C'è stato un reciproco influsso tra loro: gli elementi culturali hanno aiutato ad arricchire e precisare le espressioni della fede, e i contenuti di fede hanno completato e «trasformato» i dati culturali che erano integrati nella teologia. Un caso significativo è l'integrazione del concetto di *ente*. Questo concetto è aristotelico, significa «ciò che è», e corrisponde a una «filosofia prima», secondo la quale ciò che si può dire innanzitutto delle cose è che esse *sono*, che sono *enti*. San Tommaso assume questo concetto e gli aggiunge qualcosa che è estraneo alla filosofia greca e che è proprio del pensiero cristiano: l'idea di creazione; gli enti sono stati *creati* da Dio. Pertanto le cose sono *enti*, hanno l'essere; ma il loro essere è finito, e porta con sé un riferimento essenziale all'Essere infinito creatore. Per comprendere esattamente le cose, occorre intenderle come *enti creati* (PFMO 95-105).

Oggi è difficile conservare il concetto di ente creato. Le cose si comprendono, in primo luogo, come cose reali, e per riconoscere che sono create, si richiede di superare la diffusa visione agnostica del mondo. Pertanto occorre affrontare la questione fondamentale: «Conviene conservare la sintesi tradizionale di dati rivelati ed elementi della filosofia greca in un tempo in cui la comprensione del mondo e dell'uomo è determinata dai risultati della scienza?» (cfr HNC 142).

2. Una comprensione dualista del mondo e dell'uomo

L'integrazione di elementi della filosofia greca ha avuto una conseguenza: ha introdotto nel pensiero cristiano un *dualismo* che «percorre tutta la patristica dall'inizio alla fine (con poche eccezioni di origine stoica), giunge alla scolastica e si prolunga fino ai nostri giorni» (HNC 200). Alcuni casi particolari lo rivelano.

Secondo la sintesi tradizionale, gli enti sono composti di *materia* (pura potenza) e *forma* (un determinato grado di perfezione del suo atto), e sono stati creati da Dio «dal nulla» (*ex nihilo*). La comprensione delle cose come composte di *materia* e *forma* ha la sua origine nella filosofia di Aristotele e intende correggere il dualismo platonico delle idee eterne e della loro partecipazione nel mondo. Tuttavia il binomio materia-forma conserva un dualismo nelle cose stesse, perché le comprende come situate tra il *non-essere* o potenza (la materia) e l'*essere* o atto (la forma) (cfr 151 s). Questo problema si presenta nella teologia, quando si afferma che i sacramenti, momenti fondamentali della vita cristiana, sono segni efficaci della grazia, costituiti da elementi che sono la *materia* e la *forma*. Ora, questi termini per la maggior parte dei cristiani hanno perso il loro significato e non sono di aiuto per la teologia dei sacramenti. Dire che gli elementi essenziali del segno sacramentale sono la materia e la forma oggi non sembra necessario ed è difficilmente comprensibile; inoltre implica un dualismo che non corrisponde alla realtà dei sacramenti, che sono momenti unitari di celebrazione con elementi costitutivi propri.

Il dualismo è evidente, quando si intende che le cose sono costituite dalla *sostanza* e dagli *accidenti*, essendo la sostanza il soggetto a cui ineriscono gli accidenti. Questi ultimi sono percepiti dai sensi, e le loro «rappresentazioni» consentono all'intelligenza di conoscere la sostanza delle cose. La sostanza è il soggetto nel quale sono inseriti gli accidenti, che ineriscono ad essa.

La concezione delle cose composte di sostanza e accidenti comporta una comprensione dualista del mondo e dell'uomo. Da un lato ci sarebbero gli accidenti (colori, suoni, aromi...), percepiti dai sensi, e dall'altro ci sarebbe la sostanza, conosciuta dall'intelligenza. Senza dubbio gli accidenti non possono essere separati dalla sostanza; ma il modo di distinguerli indica la concezione di due livelli nelle cose e nel mondo: l'ambito dell'intelligibile e l'ambito del sensibile. Il sensibile sarebbe il termine dell'attività dei sensi, e l'intelligibile il termine dell'attività dell'intelligenza. Questo modo di pensare è servito alla teologia per concettualizzare la «presenza reale» di Cristo nel sacramento dell'Eucaristia. La concettualizzazione tradizionale del mistero consiste nel dire che nella trasformazione eucaristica gli accidenti rimangono, ma cambia la sostanza. I sensi percepiscono pane, ma la fede crede nella presenza reale della sostanza di Cristo: è la transustanziazione. Questo modo tradizio-

Verso un nuovo paradigma del pensiero cristiano?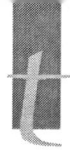

nale di concettualizzare il mistero di fede entra in crisi quando le cose non sono comprese come composte di sostanza e accidenti. Abbiamo visto prima che, secondo Zubiri, le cose reali sono costituite dal sistema di tutti i loro elementi, con sufficienza costituzionale: la cosa reale è una *sostantività*.

Il dualismo nella concezione delle cose corrisponde al dualismo nella comprensione dell'*intelligenza umana* e dei *sensi*. La sintesi tradizionale è convinta che l'intelligenza dell'uomo è una facoltà diversa dalla facoltà costituita dai sensi; si tratterebbe di due facoltà distinte, ciascuna con la propria capacità di compiere i suoi atti caratteristici. Questa comprensione corrisponde alla convinzione che il mondo è composto da due regioni o ambiti distinti: il settore dell'*intelligibile*, oggetto dell'attività dell'intelligenza, e il settore del *sensibile*, oggetto dell'attività dei sensi. Ovviamente le due facoltà comunicano tra loro, perché i sensi offrono all'intelligenza i dati per la sua attività; ma questa concezione ha una carattere dualista, perché afferma due livelli nell'uomo, l'intelligenza e i sensi; e afferma anche due «regioni» nel mondo: l'ambito dell'intelligibile e l'ambito del sensibile.

La filosofia zubiriana mostra una comprensione non dualista dell'uomo e del mondo. Infatti dice che l'intelligenza umana non è una facoltà per se stessa, ma la potenza di un'unica facoltà: l'*intelligenza senziente*, che è costituita da due potenze: l'intelligenza e la sensibilità umane. Conformemente a ciò, l'atto primordiale dell'intelligenza è l'apprensione della realtà, un atto che ha due momenti: il sensibile e l'intelligibile; e il suo termine è l'insieme unitario che costituisce la cosa reale: la realtà sostantiva. Conformemente a ciò, l'intelligenza non riceve *dalla* sensibilità i dati per la sua attività, perché li trova *nella* sensibilità stessa, nell'*apprensione della realtà*. Il mondo è l'ambito *unitario* delle cose reali, che sono il termine dell'attività di un'unica facoltà umana, compresa anche in modo *unitario*: l'intelligenza senziente, composta dall'intelligenza e dalla sensibilità umane.

La comprensione dualista dell'intelligenza e della sensibilità come due facoltà indipendenti corrisponde alla *comprensione dualista dell'uomo*, costituito dal corpo materiale e dall'anima, sostanza spirituale e immortale. Bisogna notare che questa concezione dualista dell'uomo è una dottrina comune del pensiero cristiano quasi dall'inizio stesso del cristianesimo. Ora, questa concezione dualista proviene dall'inculturazione nella cultura greco-romana; ha la sua origine nell'assimilazione di elementi della filosofia greca e non è un dato rivelato. Si deve anche riconoscere che la visione biblica del mondo e dell'uomo è più vicina alla visione *unitaria* attuale, determinata dalla scienza, che al dualismo tradizionale di ispirazione greca.

Un dogma fondamentale del cristianesimo è la fede nell'immortalità per mezzo della risurrezione dei morti. Altra cosa, invece, è l'interpretazione tradizionale di questo dogma, ispirata dalla filosofia greca, secondo la quale al momento della risurrezione avviene la risurrezione del corpo, che deve ricongiungersi con l'anima, sostanza spirituale e immortale che nella morte si è separata dal corpo. Questa interpretazione tradizionale è dottrina comune della teologia e del Magistero (cfr *Gaudium et spes* [GS] 14); ma il dato rivelato è la *risurrezione dei morti*. Parlare della *risurrezione dei corpi* è un'interpretazione che non è di fede, sebbene sia profondamente radicata nel modo cristiano di pensare, sia teologico sia popolare. La cosa diventa problematica quando si interpreta l'unione di corpo e anima secondo l'ilemorfismo aristotelico: l'anima sarebbe la forma sostanziale dell'uomo, che si separa dal corpo con la morte, e che Dio vuole che si ricongiunga con il corpo, sostanza materiale, con la risurrezione dei corpi.

La comprensione dualista dell'uomo da secoli è profondamente integrata nel pensiero cristiano, e non è possibile dimostrare che sia erronea. Ora, la comprensione attuale dell'uomo è *unitaria*. La realtà umana è *una* sostantività, con due sottosistemi non separabili: la psiche o anima, e il corpo. Così pensa Zubiri, come abbiamo mostrato nel capitolo 2; lì vedevamo anche che egli preferisce parlare di psiche, per evitare le questioni che coinvolgono il termine «anima», poiché attualmente la distinzione tra materiale e spirituale è una incognita: che cosa sia la materia è un enigma per l'indagine scientifica (HNC 278; cfr 231-240).

Senza dubbio la comprensione unitaria della realtà umana non ha una certezza assoluta che escluda come erronea la comprensione dualista, ispirata dalla filosofia greca. Oggi si è consapevoli che i risultati dell'attività razionale non hanno una certezza assoluta, poiché hanno sempre un carattere provvisorio e sono aperti a ulteriori approfondimenti; ma è un fatto che la comprensione unitaria dell'uomo e la convinzione che

Verso un nuovo paradigma del pensiero cristiano?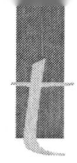

l'anima umana non è separabile dal corpo, e che nella morte muore l'intero uomo, non sono cose che contraddicano il dogma dell'immortalità per mezzo della risurrezione dei morti. Al contrario, nella comprensione unitaria dell'uomo la fede nel potere di Dio rimane intatta, e si conserva pienamente il valore dell'affermazione di Gesù nel Vangelo, quando dice che «viene l'ora in cui tutti coloro che sono nei sepolcri udranno la sua [del Figlio dell'uomo] voce e usciranno» (*Gv* 5,28-29).

Conviene insistere su una cosa fondamentale: ciò che abbiamo appena detto non ha la pretesa di avere una certezza assoluta o metafisica. Non si può dimostrare che il dualismo contenuto nella sintesi tradizionale sia qualcosa di sbagliato, ma si deve ammettere che non è un dato rivelato; che è lontano dalla concezione biblica dell'uomo e non corrisponde alla comprensione attuale della scienza. Proprio un altro elemento della sintesi tradizionale che oggi risulta problematico è la convinzione di possedere verità con una certezza razionale assoluta.

3. *La certezza assoluta o metafisica*

La tradizione filosofica cristiana era convinta di poter raggiungere conclusioni dotate di certezza *assoluta* o *metafisica*. Invece, nell'epoca attuale il modo comune di pensare è che l'attività razionale non fornisce risultati con certezze assolute: i risultati avranno una certezza morale, sufficiente per agire ragionevolmente, ma la pretesa di possedere verità con una certezza razionale assoluta oggi è difficilmente sostenibile, soprattutto se si tratta delle questioni «ultime» (HNC 197 s). Questo non vuol dire che sia impossibile una metafisica o «filosofia prima». Al contrario, essa è conveniente, e persino necessaria; ma sarà una metafisica senza «certezze assolute». A mio avviso, la filosofia di Zubiri è attuale perché è consapevole della provvisorietà delle sue conclusioni; infatti, contiene quella che possiamo chiamare una «metafisica senza certezze metafisiche».

La critica alla pretesa di possedere certezze *razionali* assolute non nega la possibilità per il credente di vivere la sua fede con una certezza *personale* assoluta. Ma non si tratterà di sicurezze di carattere razionale. Il valore assoluto della certezza del credente proviene dall'esperienza spirituale, che completa la forza degli argomenti razionali, e consente di vivere una certezza piena della propria fede. Si tratterà di una certezza vissuta a livello personale, della quale si potrà dare solo una testimonianza più o meno convincente, senza pretendere di possedere verità con una piena validità razionale.

4. *Il teocentrismo*

La convinzione di possedere verità con una certezza assoluta si applica anche alla questione di Dio. Infatti, si afferma che l'uso corretto dell'intelligenza deve condurre alla conoscenza certa dell'esistenza di Dio, origine e fondamento del mondo. Si riconosce che Dio è un mistero, ma la sua esistenza può essere conosciuta dall'uomo con certezza assoluta se si fa un uso adeguato della ragione. Le cose sono finite, e in esse c'è un riferimento essenziale all'Essere infinito; le cose sono contingenti, e sono necessariamente riferite all'Essere necessario. Si afferma risolutamente che l'uomo è libero, ma si intende la libertà come la possibilità di sbagliarsi nelle opzioni. In concreto, l'uomo potrebbe mettere in dubbio o negare l'esistenza di Dio, optando per una comprensione erronea dell'origine e fondamento del mondo: questo sarebbe il caso dell'agnostico o dell'ateo.

La convinzione tradizionale che l'uso adeguato dell'intelligenza conduca con certezza assoluta alla conoscenza di Dio come centro del mondo è il teocentrismo, secondo il quale l'uomo è situato in un orizzonte incentrato su Dio, il cui carattere misterioso è indiscutibile. Monserrat ha analizzato questo argomento, e afferma che il teocentrismo è un elemento caratteristico del pensiero tradizionale cristiano, che rimane in qualche modo valido fino ai nostri giorni. Egli conclude facendo notare che, secondo la prospettiva attuale, determinata dalla scienza, si deve ammettere che il mondo creato non è teocentrico, poiché non si presenta all'uomo come centrato su Dio, che sarebbe la sua origine e il suo fondamento. L'enigma della realtà si presenta alla ragione umana aperto a due possibili risposte, ciascuna delle quali possiede una sua coerenza: un mondo senza Dio e l'esistenza di Dio. Dio come centro del mondo non è qualcosa che si imponga alla ragione umana, orientata verso la verità. Ovviamente le due risposte non possono essere certe nello stesso tempo, ma il capire quale sia la vera non è qualcosa che si imponga all'attività razionale dell'uomo. In un primo momento può sembrare più probabile la risposta «mondo senza Dio»; ma nel riconoscere il silenzio di Dio nel mondo come la condizione di possibilità della libertà, diventa

Verso un nuovo paradigma del pensiero cristiano?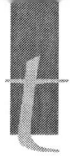

più ragionevole la risposta «esistenza di Dio». Bisogna notare che non si tratta mai di opzioni con certezza assoluta: esse posseggono solo una certezza morale sufficiente, che rende ragionevole l'opzione senza escludere la decisione alternativa come falsa (HNC 198).
Facciamo notare che la concezione biblica non è teocentrica. Certamente la vita del credente deve essere centrata su Dio, ma la verità dell'esistenza di Dio non si impone all'uomo: si tratta di «un Dio nascosto» (Is 45,15).

5. *La legge naturale*

La sintesi tradizionale è *teocentrica* ed è convinta che una ricerca onesta della verità debba condurre all'affermazione dell'esistenza di Dio con certezza assoluta. Egli è l'origine e il fondamento del mondo e ha stabilito un ordine per la giusta realizzazione umana. L'uomo è orientato verso il bene e può conoscere l'ordine voluto da Dio, la cui espressione concreta è la *legge naturale*. Questa è intesa come il complesso di disposizioni e norme voluto dal Creatore e che può essere conosciuto dalla ragione. La legge naturale è il fondamento della morale e deve essere compresa come legge divina, perché procede da Dio ed è espressione della sua volontà. Il non riconoscerla in modo adeguato sarebbe dovuto all'ignoranza o all'errore (HNC 313). La conoscenza di Dio e quella della legge naturale sarebbero le condizioni adeguate per «un umanesimo reale e un ordine sociale ben fondato» (199).

Ora, secondo quanto è stato detto nel capitolo 3, l'uomo non è collocato in un orizzonte in cui Dio è al centro; la condizione umana non è teocentrica. La realtà è *enigmatica*, e l'enigma ha due possibili risposte: esistenza di Dio e mondo senza Dio. Ciascuna delle due risposte ha i suoi argomenti razionali, la sua coerenza e un atteggiamento esistenziale corrispondente. L'agnostico ha optato per la soluzione «mondo senza Dio», e non si può negare che il suo atteggiamento esistenziale è aperto alla legge naturale e alle sue esigenze etiche. In questo caso si intende che la legge naturale proviene dalla struttura della realtà e dalle possibilità di realizzazione che offre all'uomo; ovviamente, l'appropriazione delle possibilità scelte dovrà avvenire in sintonia con un autentico orientamento verso il bene individuale e sociale (312).

Abbiamo visto in precedenza che le risposte all'enigma della realtà *non hanno una certezza assoluta*, e pertanto l'opzione per una di esse non esclude la possibilità della soluzione alternativa. Di conseguenza, se esistono due risposte possibili alla questione *ultima* dell'enigma della realtà, non è strano che ci possa essere più di una soluzione possibile nelle questioni *intermedie*, e che le determinazioni concrete del bene, a cui l'uomo aspira, non si lascino trovare facilmente con assoluta chiarezza. L'uomo è orientato verso una realizzazione positiva, ma il modo concreto di raggiungerla non si presenta, di fatto, con una trasparenza tale da favorire facilmente il consenso: sarà inevitabile accettare l'esistenza di un pluralismo, anche in questioni importanti come la realizzazione individuale e sociale.

Senza dubbio il *cristianesimo* ha una comprensione della volontà di Dio ottenuta con la Rivelazione e la ragione, che conduce a una conoscenza delle esigenze della legge naturale con una particolare chiarezza. Le determinazioni concrete dell'attività giusta dell'uomo avranno una evidenza sufficiente per il credente, convinto della verità della sua opzione e del carattere universale delle esigenze della legge naturale. Ma non deve meravigliare che ci siano differenze quando il punto di partenza non è la prospettiva cristiana. È probabile che in alcuni casi una prospettiva agnostica non giunga alle stesse conclusioni della prospettiva cristiana, e si manifesti un conflitto tra risposte diverse a questioni etiche. In questo caso, il credente deve conservare le sue convinzioni, fondandole su argomenti validi, senza pretendere di essere il rappresentante dell'unica opzione giusta, e di squalificare le altre opzioni, come se fossero frutto di errore, di ignoranza e di mancanza di onestà. La lettura cristiana della legge naturale sarà valida per il cristiano, ma quando egli la deve proporre, dovrà farlo mostrando gli argomenti che la giustificano, senza avere la pretesa di possedere l'unica lettura vera e accettando che ci siano altre possibilità con la loro capacità di convincere (319).

Secondo la sintesi tradizionale, la ragione dell'uomo dovrebbe conoscere bene le esigenze etiche dell'ordine voluto dal Creatore. Ma di fatto queste esigenze non si presentano con una trasparenza totale, come se fossero uniche e inequivocabili. Nella «modernità», determinata dai risultati della scienza, non si nega la legge naturale, ma si pensa che non ci sia niente di immutabile e di universale che possa essere conosciuto da tutti attraverso l'attività della ragione. L'epoca moderna crede che non ci sia una trasparenza inequivocabile della Verità, poiché la realtà è enigmatica e i risultati della ricerca della ragione non hanno una certezza assoluta. La legge naturale è compresa come espressione dell'integrazione razionale autentica nella natura, e lo sforzo di adattarsi ad essa (o alle condizioni oggettive della natura) si fonda sulla esigenza morale dell'autenticità umana (HNC 316). Senza dubbio ci saranno conclusioni solide in base alle quali si può giungere a un accordo, ma probabilmente non ci sarà un consenso sull'esistenza di una «istanza universale, assoluta e immutabile della legge naturale». Nell'epoca attuale è problematico parlare di una istanza finale e sicura, *accettata da tutti* (318).

Nell'era della scienza, si manifesta un'immagine della realtà come di un universo in costante processo di autoformazione, che culmina nella comparsa dell'uomo dotato di libertà. Gli scienziati, se credono in Dio, sono convinti che Dio non ha creato una realtà «bell'e fatta» e conclusa, con alcune norme, che indicherebbero con chiarezza ciò che si deve fare, e che l'uomo dovrebbe conoscere e rispettare. Per mezzo della creazione esiste un mondo che si va formando da sé, nel quale l'uomo si deve realizzare liberamente, riconoscendo le sue possibilità e i suoi limiti, e rimanendo orientato verso la Verità e il Bene, in una realtà enigmatica, nella quale egli fa esperienza del silenzio del Creatore. L'ordine voluto da Dio nel mondo difficilmente si esprime con una legge naturale con norme certe per tutti. È un ordine che non annulla la libertà, ma che ne esige l'esercizio responsabile. «L'universo creato non pone l'uomo in una "trasparenza della Verità" che gli dia una sicurezza assoluta, ma lo chiama a trovare la propria verità attraverso l'uso della ragione». Il compimento della legge naturale esige l'apertura a una possibile novità nella realtà e l'esercizio responsabile della libertà (320).

Quanto è stato detto non significa necessariamente lo stabilirsi nel *relativismo*. L'uomo costruisce la sua comprensione della realtà, dell'uomo e della società e si impegna nelle sue opzioni secondo i risultati della sua attività razionale. Ci sono ampi consensi sociali e solide convinzioni condivise. Ammettere la dimensione enigmatica della realtà e il carattere poco trasparente e «oscuro» di alcune esigenze etiche non è relativismo, ma il riconoscimento della precarietà umana e dei suoi limiti (318).

Il cristiano, da parte sua, deve presentare la sua risposta ai problemi morali, giustificandola con argomenti che possano convincere coloro che non la condividono (320). Certamente riceverà il consenso su questioni fondamentali come la difesa della vita, l'attenzione alle condizioni di vita nel pianeta, le esigenze di una convivenza umana giusta e pacifica. Ma

Cristianesimo e realtà

le ultime concretizzazioni di questi principi probabilmente non saranno condivise da tutti. In ogni caso, la giusta presentazione della propria comprensione delle esigenze etiche e della legge naturale sarà un buon servizio reso all'uomo e alla società, se è fatta da una posizione ben fondata e rispettosa di altri modi di pensare (317).

6. La comprensione teocratica dell'autorità

È interessante notare che il teocentrismo del pensiero cristiano ha condotto a una comprensione *teocratica* della società. Dio, centro del mondo, è l'origine dell'autorità, alla quale dà un carattere sacro. Così era compreso il potere politico quando si parlava di Sacro Romano Impero Germanico. Con la benedizione della Chiesa l'autorità politica acquistava un carattere sacro. Monserrat constata che la comprensione teocratica dell'autorità è stata presente nel pensiero cristiano tradizionale fino al punto di aver procurato una giustificazione religiosa a dittature e regimi autoritari. Questo sarebbe stato completato, a volte, con una collaborazione che avrebbe significato un rigido controllo sociale, giungendo al punto di invitare alla sottomissione e di giudicare negativamente atteggiamenti critici ragionevoli (cfr HNC 199).

B. Elementi per un nuovo paradigma

La nostra proposta vuole contribuire alla «costruzione» di un nuovo paradigma del pensiero cristiano. Monserrat lo chiama «paradigma della modernità» e dice che «è stato definito come il modo di spiegare il *kerigma* cristiano a partire della cultura moderna, che ha come componente fondamentale l'immagine dell'universo, della vita e dell'uomo, nell'Era della Scienza e una nuova antropologia filosofica» (HNC 419). In questa sezione esporremo cose che in parte sono una ripetizione dei punti della sezione precedente, che indicano un superamento del paradigma tradizionale. Inoltre aggiungiamo aspetti che li ampliano e li completano.

1. Comprensione unitaria del mondo e dell'uomo

Un elemento fondamentale del nuovo paradigma deve essere la chiara opzione per una *comprensione unitaria* del mondo e dell'uomo. La scienza oggi ha una concezione unitaria del mondo, che si estende dalla spiegazione ipotetica dell'origine del mondo alla possibilità dell'esistenza di

Verso un nuovo paradigma del pensiero cristiano?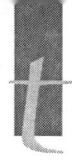

molti universi. L'ipotesi più probabile descrive l'inizio del mondo come l'*esplosione iniziale* di un pacchetto di energia. Il primo effetto sarebbe stato la trasformazione dell'energia in particelle elementari, e l'interazione espansiva dell'energia e delle particelle avrebbe generato stelle e galassie, che attualmente si allontanano tra loro con una velocità crescente. In una di queste galassie in movimento c'è una stella, il sole, con pianeti che descrivono orbite attorno ad essa; in uno di questi pianeti, la Terra, si sono prodotte le condizioni che rendono possibile la *vita*: temperatura entro certi limiti, acqua, atmosfera...

Le condizioni fisiche della Terra hanno reso possibile che strutture di particelle elementari, cioè gli atomi, formassero strutture di una complessità crescente, le molecole. In un determinato momento una molecola complessa si sarebbe trasformata in una cellula, cioè in un essere vivo elementare con un certo controllo sul mezzo e con la capacità di nutrirsi e di riprodursi. La vita è iniziata come vita vegetale per trasformarsi poi in vita animale, con la molteplicità di specie animali che conosciamo. Il processo ha avuto il salto di qualità decisivo con la comparsa della cellula umana: l'inizio della *specie umana*. La scienza spiega la comparsa dell'uomo sulla terra con l'evoluzione delle specie; i dati scientifici giustificano il consenso su questo punto. Ma di fatto i *salti di qualità* che avrebbero condotto alla comparsa dell'uomo sono un *enigma* per la scienza; la probabilità che siano avvenute le *sintesi* di elementi che avrebbero originato i diversi livelli di vita è molto ridotta e, soprattutto, il passaggio dalla specie animale più sviluppata alla specie umana è, per il momento, così poco probabile da sembrare una cosa quasi impossibile dal punto di vista scientifico. Gli scienziati parlano di un «disegno intelligente», che guida le trasformazioni avvenute nel mondo. I credenti pensano che ci siano stati interventi divini che hanno determinato lo sviluppo dell'universo. In ogni caso, oggi si impone una comprensione unitaria del mondo e dell'uomo, con una coerenza sufficiente, senza certezze assolute nelle questioni ultime, e una comprensione aperta a ulteriori scoperte della scienza.

L'uomo è integrato in una realtà finita e temporale, e lo è come realtà umana. Ora l'uomo, in quanto persona, non fa parte di un tutto, poiché con l'intelligenza può «fronteggiare» l'intera realtà: la persona umana ha un carattere «assoluto», che Zubiri chiama «relativamente assoluto», perché è qualcosa acquisito con il possesso dell'intelligenza e della volontà. L'uomo pretende di realizzarsi individualmente e socialmente, raggiungendo una sufficiente *giustificazione* delle sue azioni e ottenendo la *felicità* possibile nella realtà concreta in cui è inserito, consapevole che si tratta di una felicità temporale e fragile. L'uomo di oggi è consapevole delle possibilità che ha, limitate ma reali, e vuole *appropriarsene* per raggiungere la pienezza possibile.

Il lettore può pensare che quanto stiamo dicendo non mostra abbastanza la dignità dell'uomo. Infatti pensiamo che la comparsa dell'uomo nel mondo sia dovuta molto probabilmente all'evoluzione; soltanto la realtà umana ha intelligenza e volontà, proprietà che emergono nella psiche umana, ma che non risiedono in una sostanza spirituale e immortale, creata direttamente da Dio, che si unirebbe al corpo dall'inizio della vita e si separerebbe da esso nella morte. Secondo la concezione unitaria, la realtà umana consiste in una sostantività con corpo e anima, che sono inseparabili. Quando l'uomo muore, muore l'uomo intero.

La comprensione unitaria dell'uomo diminuisce forse la dignità dell'uomo? La comprensione unitaria è certamente differente dalla concezione dualista, ma non si può dire che diminuisca la dignità dell'uomo. Per un cristiano, ciò che conferisce piena dignità alla realtà umana è il fatto che il Figlio di Dio l'ha assunta veramente quando si è incarnato. Pensare che, per sostenere pienamente la dignità umana, *oltre* alla fede nell'Incarnazione occorre continuare ad affermare la presenza nell'uomo di una sostanza spirituale e immortale, che si può separare dal corpo, è strano e sorprendente in una prospettiva veramente cristiana. Altra cosa sarebbe invece essere convinti della verità della comprensione dualista dell'uomo, sebbene questo non sia un dato rivelato, non sia verificabile e sia lontano dal modo di pensare attuale. Per il cristiano, il fondamento definitivo della dignità umana è la realtà dell'Incarnazione del Figlio di Dio, che si è fatto uomo veramente e ha il potere di superare la morte con la risurrezione. Il credente crede queste cose, pur avendo una comprensione unitaria del mondo e dell'uomo (cfr HNC 421-423).

2. *Il silenzio di Dio*

La realizzazione dell'uomo nel mondo s'imbatte, prima o poi, nella questione dell'enigma della realtà: «Qual è il suo fondamento ultimo?». Abbiamo visto che sono possibili due risposte: esistenza di Dio e un

Verso un nuovo paradigma del pensiero cristiano?

mondo senza Dio. L'uomo è naturalmente religioso, ma sperimenta il *silenzio di Dio*: è un'esperienza particolarmente dolorosa quando è accompagnata da un vivere intensamente l'indigenza umana. A causa di questo *silenzio*, in un primo momento la risposta «mondo senza Dio» può apparire più giusta; ma il riconoscere che questo *silenzio* è la condizione di possibilità della *libertà* rende più ragionevole la risposta che afferma l'«esistenza di Dio», sebbene egli resti misteriosamente *nascosto* (cfr HNC 423 s).

La scoperta del significato del silenzio di Dio costituisce un decisivo approfondimento nella conoscenza della realtà, che giunge alla sua pienezza quando, dal suo *silenzio*, Dio pronuncia la sua *Parola* definitiva nell'Incarnazione del Figlio. In essa si rivelano il suo amore e la sua fedeltà (cfr *Gv* 1,14; *Rm* 3,21-26), senza compromettere le condizioni della creazione che rendono possibile la libertà. Il silenzio di Dio trova nella *kenosis* di Cristo la sua impensabile e misteriosa pienezza.

3. *La certezza morale*

La ragione umana non può risolvere le questioni ultime sull'origine del mondo, della vita e dell'uomo con risposte che abbiano una certezza razionale totale e assoluta. In tali questioni, i risultati dell'attività della ragione avranno soltanto una *certezza morale*, sufficiente per rendere ragionevole l'opzione dell'uomo, ma senza rifiutare altre risposte possibili come false. Questo vuol dire che non si possono considerare cose sbagliate la comprensione dualista del mondo e dell'uomo, il teocentrismo e la concezione tradizionale della legge naturale; e neppure si può considerare erroneo il fatto che esse rimangono nel pensiero cristiano attuale, sebbene non si debba dimenticare che queste cose non sono dati rivelati che esigono un'adesione di fede. Ora, quanto abbiamo detto sulla *certezza morale* significa anche che la comprensione unitaria del mondo e dell'uomo, l'enigma della realtà e le due risposte possibili, l'affermazione dell'esistenza di Dio e la concezione non rigida della legge naturale sono cose che hanno una *certezza sufficiente*, e pertanto è ragionevole assumerle nel pensiero cristiano come contenuti validi, poiché non si oppongono alla Rivelazione. Inoltre, queste cose corrispondono al modo di pensare della modernità (cfr HNC 421, 425 s).

Ricordiamo di nuovo che quanto abbiamo detto sulla certezza morale non esclude la possibilità di vivere la propria fede con una certezza esistenziale assoluta, ma questa è vera soltanto quando l'esperienza spirituale conferma e completa la forza di convinzione degli argomenti razionali.

4. *La figura di Cristo*

Il paradigma tradizionale è *teocentrico*: l'uomo è situato in un orizzonte centrato su Dio, e il giusto uso della ragione deve giungere all'affermazione della sua esistenza. Secondo il teocentrismo, la finitudine e la contingenza del mondo hanno un riferimento essenziale all'Essere infinito e necessario.

Il modo di pensare teocentrico resta seriamente compromesso se si afferma che l'enigma della realtà ha due risposte con una loro coerenza razionale – esistenza di Dio e mondo senza Dio – e se si giustifica l'affermazione dicendo che il Creatore non vuole imporre la verità della sua esistenza e lascia aperta la possibilità di optare per la *pura mondanità*. Questa è l'opzione dell'agnostico, che non nega l'esistenza di Dio, ma considera molto problematica e non verificabile l'affermazione di un Essere trascendente situato al di là del mondo. Il mondo è il termine ultimo di riferimento dell'uomo. Certamente questo suscita problemi, ma le domande che restano aperte non sarebbero più complesse di quelle suscitate dall'affermazione di un Essere infinito e trascendente, situato fuori del mondo, che sarebbe il riferimento ultimo dell'uomo. Infatti l'agnostico definisce il cristiano colui che ha «fede in un Dio trascendente» (Tierno-Galván).

L'inevitabile declino della sintesi tradizionale e la fermezza dell'agnostico, convinto di essere collocato nel mondo senza riferimenti «esterni», possono essere un motivo di crisi per il credente. Ma nello stesso tempo questa constatazione offre un'eccellente occasione per percepire con maggiore chiarezza il significato decisivo della *figura* di Cristo. Il cristiano e l'agnostico vivono immersi nell'esperienza del silenzio di Dio. L'agnostico conclude che la realtà mondana è la realtà ultima su cui si può parlare con senso. Il cristiano, da parte sua, difficilmente riuscirà a sviluppare un discorso convincente, se lo incomincia affermando la sua fede in un Dio trascendente.

Verso un nuovo paradigma del pensiero cristiano?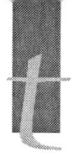

Il credente oggi deve riconoscere che l'esposizione coerente di ciò che egli crede ha il suo punto di partenza nella *figura di Cristo*, origine e fondamento della fede cristiana. Questa *figura* è stata conservata dai Vangeli e trasmessa dalla Chiesa. L'*Io* di Cristo è il tema dei Vangeli, dice Zubiri (C 271). Abbiamo visto in precedenza che, secondo la filosofia zubiriana dell'uomo, l'*Io* è l'attualità della realtà umana, che si concretizza in ogni momento in una *figura*, definitoria e provvisoria, che porta con sé tutti i caratteri determinati dalle azioni eseguite o subite dall'uomo. La vita umana è un processo di *configurazione* che si conclude con la figura definitoria e definitiva nel momento della morte.

Pertanto dire che il tema dei Vangeli è l'Io di Cristo significa affermare che nei racconti evangelici troviamo momenti della *configurazione* di Cristo, cioè momenti della sua realizzazione umana nel mondo. La *figura* di Gesù è stata riconosciuta come la figura di un maestro, di un profeta, del Messia; queste erano definizioni corrette, ma il loro senso restava avvolto in una certa ambiguità, superata soltanto dalla figura definitiva: il Crocifisso. Cristo è stato riconosciuto come «giusto» (*Lc* 23,47), come «Figlio di Dio» (*Mt* 27,54) nel momento in cui, sulla croce, si concludeva la sua realizzazione nel mondo. I *segni* da lui compiuti indicavano che egli aveva una condizione divina e che in lui avveniva la Rivelazione di Dio. Ma il *grande segno* della Rivelazione è stata la figura vulnerabile del Crocifisso, nella quale la realtà di Dio si rende presente nel mondo con una forza insuperabile di verità; non si impone e può essere respinta: «Scenda ora dalla croce e crederemo in lui» (*Mt* 27,42), dissero alcuni testimoni della crocifissione. Ma Cristo stesso aveva annunciato che la sua morte in croce sarebbe stato il segno più potente della sua verità: «Io, quando sarò innalzato da terra, attirerò tutti a me» (*Gv* 12,32).

La figura di Cristo crocifisso deve essere il punto centrale di un nuovo paradigma cristiano. Questa figura non pretende di imporsi, ma è il segno più potente della verità della Rivelazione di Dio nella finitudine del mondo. La realtà divina si fa presente nella contingenza della realizzazione umana di Gesù di Nazaret. Filippo, uno dei suoi discepoli, volle andare oltre il maestro e gli chiese: «Mostraci il Padre e ci basta»; ma Gesù rispose: «Da tanto tempo sono con voi e tu non mi hai conosciuto, Filippo? Chi ha visto me, ha visto il Padre» (*Gv* 14,8-9). La domanda sulla trascendenza ha la sua risposta nell'immanenza e nella finitudine dello stesso Cristo.

Il fondamento solido della fede cristiana è la *debolezza* del Crocifisso e non le manifestazioni di potere. La fede nel Crocifisso è la fede in colui che rivela l'amore del Padre, con il quale è unito in modo unico: «Io e il Padre siamo una cosa sola» (*Gv* 10,30). È la fede in colui che ha il potere di guarire, di vincere il male, di perdonare, di risuscitare i morti, di giudicare il mondo. La fede nel Crocifisso è la fede in colui che ha un potere divino, ma che non lo ha usato in suo favore, vi ha rinunciato e si è realizzato in un modo veramente umano fino all'estremo. Se Gesù aveva una condizione divina, era ovvio che doveva risuscitare; ciò che non era ovvio e che, avendo questa condizione divina, fosse giudicato, condannato e morisse crocifisso. La croce di Cristo è il momento insondabile e insuperabile della Rivelazione del Dio cristiano. Non si tratta di glorificare la sofferenza; Gesù non voleva soffrire, ma voleva soltanto compiere la missione affidatagli dal Padre, quella di vivere una realizzazione veramente umana in un mondo compromesso dal peccato. Si tratta della Rivelazione di Dio in Cristo, che avviene senza pretendere di imporre una superiorità, rispettando la libertà dell'uomo, il dono più grande ricevuto dal Creatore.

Il cristianesimo non deve essere teocentrico, ma *cristocentrico*. Il suo centro è la figura del Crocifisso, compresa come l'unico *sacrificio* che supera il peccato e riconcilia con Dio (cfr HNC 424 s).

Osserviamo, come conclusione, che la *fede* nella forza salvifica del *sacrificio* di Cristo (*homologia*) si trasforma logicamente in *azione di grazie* (*eucaristia*) e costituisce il contenuto essenziale della liturgia cristiana. Questa non è la commemorazione solenne di un trionfo, ma la *memoria* grata del sacrificio salvifico di Cristo, che si rende presente nella celebrazione.

CONCLUSIONE

Alla conclusione di queste pagine è opportuno richiamare l'attenzione su tre punti. Il primo è la filosofia di Xavier Zubiri come punto di partenza nella comprensione della realtà e dell'uomo. L'autore evidenzia l'analisi degli atti dell'intelligenza e la constatazione del suo atto primordiale: *l'apprensione della realtà*, e dei modi "successivi" dell'attività dell'intelligenza: l'attività affermativa e l'attività razionale. Le affermazioni, i concetti e la ricerca razionale, "provengono" dalla primordiale apprensione della realtà e in essa hanno supporto. Sono fondamentali i concetti di *intelligenza senziente*, realtà, attualità, sostantività, realtà umana e persona. La realtà umana si realizza nella "relegazione" alla realtà; questa "relegazione" non è solo esperienza e manifestazione: essa possiede anche un carattere enigmatico.

Il secondo punto da notare è il modo in cui Javier Monserrat tratta la questione dell'enigma della realtà. La novità particolare che offre è un'argomentazione che non ha la pretesa di possedere delle certezze assolute oppure una forza razionale impositiva, e la decisa convinzione che nell'epoca della scienza la ragione umana s'incontra con la possibilità di due risposte all'enigma della realtà, ambedue con una coerenza propria. Un *mondo senza Dio* risponde all'enigma con una coerenza razionale sufficiente, ma senza delle certezze assolute. Il riconoscimento del senso del silenzio e del nascondimento di Dio, come condizione di possibilità della libertà dell'uomo, rende convincente *l'esistenza di un Dio personale* come soluzione per l'enigma della realtà. Si tratta, però, di una soluzione la cui certezza è soltanto una *certezza morale*. Da quest'approccio Monserrat s'interroga sulla credibilità di Cristo. La novità che offre è la concludente affermazione che l'argomento decisivo di credibilità è *l'emergenza* della figura di Cristo, nella quale si uniscono dei *segni* convincenti della sua condizione divina e il pieno rispetto per il dono divino della *libertà* umana. Tutte e due le cose confluiscono nella costituzione della figura del Crocefisso. In questa figura drammatica e paradossale, manifestazione eloquente di debolezza, si percepisce una potente forza di verità: si rivela l'amore di Dio per l'uomo e si trova la risposta all'enigma della realtà.

Il terzo punto che merita di essere evidenziato è il richiamo di Monserrat sulla pressante necessità di un cambiamento di *paradigma* nel pensiero cristiano. In effetti, egli afferma con decisione che la trasmissione genuina del Messaggio cristiano deve essere liberata da elementi che sono stati, a lungo, fondamentali e determinanti, come ad esempio, la comprensione dualista del mondo e dell'uomo, la pretesa di possedere delle certezze razionali assolute, il teocentrismo; si tratta di cose che hanno contribuito a comporre una sintesi di pensiero che è stata convincente e utile per secoli. Questi elementi, però, provengono da contesti culturali passati e oggi sono un peso. Liberarsi di loro sarebbe un beneficio per la predicazione e l'evangelizzazione. Sono molti i rappresentanti della teologia cristiana che riconoscono la fragilità della sintesi tradizionale e la problematica che oggi presenta. Monserrat ha ragione, però, quando dice che il pensiero cristiano, nel suo insieme, deve liberarsi dall'illusione di avere come appoggio una *filosofia perenne*.

Tuttavia, l'alternativa appropriata non è prescindere dalla filosofia. Infatti, ci saranno sempre delle aderenze culturali di qualche tipo. Quello più conveniente e urgente sarebbe riuscire a trasmettere il Messaggio cristiano da un'adatta comprensione attuale del mondo e dell'uomo. L'applicazione della filosofia zubiriana alla teologia offre una possibilità per strutturare il pensiero cristiano da un "nuovo paradigma". Così è evidenziato nella seconda parte del nostro testo in lingua spagnola.

Queste sono le cose degne di nota alla fine dell'esposizione. Secondo Zubiri, l'uomo è inserito nella realtà e in essa si deve realizzare; è aperto alla realtà del mondo, ma essa è enigmatica per lui. Monserrat mostra che una risposta agnostica all'enigma ha una sua coerenza razionale. Rimanere, però, nella mera constatazione dell'incognita nell'origine del mondo e dell'uomo può suscitare stupore e perplessità. Tuttavia, possono essere trasformati in ammirazione e gratitudine vivendo la propria realizzazione nella verità che proviene dalla figura di Cristo.

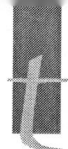

ABBREVIAZIONI

C	ZUBIRI, X.,	*El problema teologal del hombre: Cristianismo*, Madrid 1997
HD		*El hombre y Dios*, 5ª ed., Madrid 1994
UD		*L'uomo e Dio*, Genova-Milano 2003 (trad. it. di *El hombre y Dios*)
IS I		*Inteligencia sentiente. Inteligencia y realidad*, Madrid 1980
IS II		*Inteligencia y Logos*, Madrid 1982
IS III		*Inteligencia y Razón*, Madrid 1983
ISit		*Intelligenza senziente*, Milano 2008 (trad. it. di IS I, II, III)
NHD		*Naturaleza, Historia, Dios*, 10ª ed., Madrid 1994
NSD		*Natura. Storia. Dio*, Palermo 1985 (trad. it. di *Naturaleza. Historia. Dios*)
PFMO		*Los problemas fundamentales de la metafísica occidental*, Madrid 1995
SR		*Sobre la realidad*, Madrid 2001
SH		*Sobre el hombre*, Madrid 1986
SE		*Sobre la esencia*, 4ª ed., Madrid 1972
SS	COROMINAS, J. -VICENS, J. A.,	*Xavier Zubiri. La soledad sonora*, Madrid 2006
Conv		*Conversaciones sobre Xavier Zubiri*, Madrid 2008
EMC	MONSERRAT, J.,	*Existencia, Mundanidad, Cristianismo*, Madrid 1974
HNC		*Hacia el Nuevo Concilio. El paradigma de la modernidad en la Era de la Ciencia*, Madrid 2010
RD	MILLÁS, J. M.,	*La realidad de Dios. Su justificación y sentido en Xavier Zubiri y Javier Monserrat*, Roma-Madrid 2004

INDICE

INTRODUZIONE 5

CAPITOLO PRIMO
Elementi di filosofia della realtà 11
A. L'atto primordiale dell'intelligenza 11
   1. *Intelligenza e sensibilità.* 12
   2. *L'impressione* 13
   3. *Impressione di realtà* 13
   4. *Apprensione di realtà* 15
B. Attualità e sostantività 18
   1. *L'attualità* 18
   2. *Le cose reali ed i loro elementi: le "note"* 20
   3. *La sostantività. La cosa reale come "sistema di note"* 21
   4. *La rispettività* 24
   5. *L'essere della cosa reale* 24
   6. *Il potere della realtà* 25
   7. *La verità reale* 25
Appendice 1. *L'attività affermativa e l'attività razionale* 27
Conclusione 29

CAPITOLO SECONDO
La realtà "umana" 31
A. La realtà sostantiva umana 31
   1. *Tre gruppi di elementi nella realtà umana* 31
   2. *La realtà umana, un sistema sostantivo con due sottosistemi:*
      corpo e psiche 33
   3. *Definizione della realtà umana* 35

4. *La forma propria della realtà umana. Realtà personale* 35
   5. *Il modo d'inserzione dell'uomo nella realtà* 37
B. L'attualità nel mondo della realtà umana 38
   1. *L'essere dell'uomo. La sua attualità* 38
   2. *Realtà e attualità dell'uomo* 39
   3. *L'io dell'uomo. La sua costituzione* 39
   4. *L'uomo, realtà specifica* 41
C. La realizzazione della realtà umana 42
   1. *La realizzazione dell'uomo* 42
   2. *La biografia dell'uomo* 42
   3. *La realtà, fondamento dell'uomo* 43
   4. *La struttura della fondamentalità* 44
   5. *L'evento della fondamentalità* 45
   6. *La questione del fondamento* 46
   7. *La volontà di verità* 48

D. La morte dell'uomo 49

CAPITOLO TERZO
L'enigma della realtà. Due risposte possibili 53

Introduzione 53

A. L'uomo e le due risposte possibili 55
   1. *La risposta "esistenza di Dio"* 55
   2. *L'uomo e la risposta "mondo senza Dio"* 56
   3. *Il senso dell'esistenza nella pura mondanità* 56

B. La risposta ragionevole "mondo senza Dio" 58
   1. *Contraddizione interna del concetto di Dio* 59
   2. *Coerenza e senso di un mondo senza Dio* 60
   3. *La scelta per la "pura mondanità"* 61

C. Nuovo riferimento a Dio nella "pura mondanità" 61
   1. *La realizzazione dell'uomo in un mondo senza Dio* 61
   2. *Le esperienze del limite* 62
   3. *Un nuovo interesse per la questione di Dio* 63
   4. *Dio. Indigenza. Alienazione* 64

Indice

D. **Affermazione razionale di Dio** 64
1. *Il senso del silenzio di Dio nel mondo* 65
2. *L'affermazione razionale di Dio* 67
3. *Il senso esistenziale corrispondente all'affermazione di Dio* 68
4. *Permanenza della coerenza d'un mondo senza Dio* 69
5. *L'apertura alla pura mondanità quale presupposto dell'affermazione di Dio* 69

E. **Osservazioni complementari** 70
1. *Riferimento all'azione escatologica di Dio* 70
2. *La manifestazione di Dio come grazia* 70
3. *La presenza dello spirito* 71
4. *Pura mondanità, dimensione soprannaturale, peccato* 72
5. *Forme di "pseudo ateismo" nella scelta per un "mondo senza Dio"* 73
6. *Limite e significato delle affermazioni umane su Dio* 74

Appendice 2. *Conferma dell'analisi antropologica a partire da dati della storia* 75
1. *Sistemi mitici e simbolici primitivi* 75
2. *Il cristianesimo medievale* 76
3. *Il periodo postrinascimentale* 77

CAPITOLO QUARTO
La credibilità della figura di Cristo 81

A. **Valutazione della credibilità del cristianesimo** 81
1. *I criteri di valutazione* 81
2. *Contenuti fundamentali della fede cristiana* 83
3. *I contenuti della fede e la realtà storica* 86
4. *Applicazione dei criteri di valutazione* 88
5. *L'argomento decisivo de la credibilità* 92

B. **La fede cristiana** 97
1. *L'inizio della fede* 97
2. *Coerenza razionale della fede cristiana* 99
3. *La fede, atto libero* 100
4. *La fede, grazia di Dio* 100
5. *Fede e atteggiamento teologico* 101
6. *Fede personale e fede della Chiesa* 102

133

Conclusione 103

Appendice 3. *Limiti nella comprensione della kenosis* 104

CAPITOLO QUINTO
Verso un nuovo paradigma del pensiero cristiano? 107

A. Elementi del paradigma tradizionale 110
   1. *Intelligenza e fede* 110
   2. *Una comprensione dualista del mondo e dell'uomo* 111
   3. *La certezza assoluta o metafisica* 115
   4. *Il teocentrismo* 116
   5. *La legge naturale* 117
   6. *La comprensione teocratica dell'autorità* 120

B. Elementi per un nuovo paradigma 120
   1. *Comprensione unitaria del mondo e dell'uomo* 120
   2. *Il silenzio di Dio* 122
   3. *La certezza morale* 123
   4. *La figura di Cristo* 124

CONCLUSIONE 127

ABBREVIAZIONI 129

INDICE 131

THEOLOGIA
Collana della Pontificia Università Gregoriana

a cura di SALATIELLO Giorgia
Karl Rahner
Percorsi di ricerca

2012 • pp. 304
ISBN 978-88-7839-237-3 • € 30,00

La domanda sul significato che oggi può avere un teologo scomparso da un quarto di secolo obbliga a fare delle distinzioni: la sua persona era di un'altra epoca rispetto a quella attuale – Rahner appartiene al ventesimo secolo. La sua opera vive nei suoi discepoli e nelle sue testimonianze, siano esse pubblicate o conservate in archivi. L'uomo di oggi può ricorrere ad esse. Il suo pensiero, spesso, ha così tanto peso, che vale la pena rifletterci sopra e, benché inizialmente sia stato sviluppato nella sua epoca, coinvolge di nuovo la persona. I sentieri qui tracciati muovono dunque dalla rilettura del suo pensiero che, al di là di qualsiasi facile esagerazione, ha segnato profondamente la teologia e anche alcuni ambiti della filosofia del ventesimo secolo. Nessuna tentazione apologetica, ma soltanto la convinzione che, così come la riflessione di Rahner ha segnato il secolo precedente, analogamente ora essa può essere ripensata da chi voglia collocarsi nell'oggi con lo stesso impegno e con la stessa onestà che ieri sono stati di Rahner.

Giorgia Salatiello è Professore Ordinario della Facoltà di Filosofia della Pontificia Università Gregoriana. Tra gli scritti pubblicati: *L'ultimo Orizzonte. Dall'antropologia alla filosofia della religione*, Roma 2003; *L'esperienza e la grazia. L'esperienza religiosa tra filosofia e teologia*, Napoli 2008; con Théoneste Nkeramihigo, *Pensare la religione*, Napoli 2010.

www.gbpress.net

THEOLOGIA
Collana della Pontificia Università Gregoriana

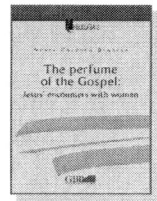

8   CALDUCH-BENAGES Nuria
The perfume of the Gospel:
Jesus' encounters with women

2012 • pp. 160
ISBN 978-88-7839-231-1 • € 17,00

The Perfume of the Gospel seeks to present some of Jesus' encounters with women. As the title suggests, some of these are characterized by the presence of perfume, an element charged with connotations and a rich symbolic content, open to many interpretations depending on the context.
Women are the protagonists of this book. Jesus openly sides with them and, sharing both their bodily and spiritual pain, generates from within himself a new current of humanity. Thus, he changes the hierarchy of the values proposed by society and transcends cases of discrimination with his loving attitude and through his relations of solidarity and equality with people.
The book concludes with an original encounter—not between Jesus and a woman, but rather between Jesus and *Sophia*.

Nuria Calduch-Benages is Professor of Old Testament at the Pontifical Gregorian University of Rome, Italy. Since 2000 she is Book Review Editor of Biblica (Pontifical Biblical Institute, Rome). Her main fields of research are Wisdom Literature, especially the book of Ben Sira and biblical anthropology. She has written extensively on wisdom books, especially on Sirach. She is member of the International Advisory Panel of the «International Society for the Study of Deuterocanonical and Cognate Literature» (ISDCL).

www.gbpress.net

THEOLOGIA
Collana della Pontificia Università Gregoriana

7   MEYNET Roland S.I.
«Selon les Écritures»
Lecture typologique des récits de la Pâque du Seigneur

2012 • pp. 224
ISBN 978-88-7839-215-1 • € 25,00

Le portrait de Jésus que dessinent les trois premiers évangiles tout au long du récit de la passion et de la résurrection laisse aspparaitre en filigrane toute une série de figures du Premier Testament. Est ainsi proposée une lecture renouvelée de la Pâque de Jésus qui remet à l'honneur la lecture "typologique", ou "figurative", des Pères de l'Église.

Roland Meynet, jésuite, est professeur émérite de théologie biblique à l'Université Grégorienne de Rome.

www.gbpress.net

THEOLOGIA
Collana della Pontificia Università Gregoriana

6 LADARIA Luis F. Sj.
Introduzione alla antropologia teologica

2011 • pp. 176
ISBN 978-88-7839-211-3 • € 17,00

Non è facile determinare il "genere letterario" di una Introduzione come quella presente. Essa non deve diventare un riassunto della materia, ma neppure deve accontentarsi di indicare dove possono essere studiate con maggiore ampiezza le questioni, senza neanche formularle o senza indicare almeno ciò che, nell'opinione dell'autore sarebbe un principio di soluzione.

Luis F. Ladaria, gesuita dal 1966, ordinato sacerdote nel 1973, ottenne il dottorato in teologia presso la Pontificia Università Gregoriana nel 1975. Iniziò subito a insegnare teologia dogmatica nella Facoltà di Teologia della Universidad Pontificia Comillas di Madrid e dal 1984 è professore ordinario di Teologia dogmatica nella Facoltà di Teologia della Gregoriana. È stato Vice-Rettore di questa Università dal 1986 al 1994, membro della Commissione Teologica Internazionale dal 1992 al 1997 e Segretario Generale della medesima Commissione dal 2004 al 2009. Nel 2008 è nominato Segretario della Congregazione per la Dottrina della Fede.

www.gbpress.net

THEOLOGIA
Collana della Pontificia Università Gregoriana

5 PIÉ-NINOT Salvador
Introduzione alla ecclesiologia

2011 • pp. 144
ISBN 978-88-7839-210-6 • € 15,00

Questa introduzione alla ecclesiologia vuole farci avvicinare al «paradosso e mistero della Chiesa» (H. de Lubac), e contribuire affinché i cristiani di oggi e quindi anche il nostro mondo, si lascino attrarre di nuovo dalla fecondità instancabile di una «Chiesa che è madre» e dalla rinnovata offerta di una «Chiesa che è fraternità» (S. Cipriano).

Salvador Pié-Ninot, ordinario della Facoltà di Teologia di Catalogna (Barcellona) è docente, alla Pontificia Università Gregoriana (Roma), di teologia fondamentale ed ecclesiologia. Ha pubblicato più di trenta libri e moltissimi articoli in materia biblica e liturgica. Presidente della Fondazione Universitaria Diocesana "Blanquerna" è segretario-fondatore dell'Università Ramon Llull (Barcellona). È stato nominato da Papa Benedetto XVI esperto per il Sinodo dei Vescovi nel 2008 su "La Parola di Dio nella vita e nella missione della Chiesa".

www.gbpress.net

Finito di stampare nel mese di ottobre 2013
presso Mediagraf Spa - Monterotondo (Rm)